D1718625

SI BEETHOVEN PUDIERA ESCUCHARME

Ramon Gener

SI BEETHOVEN PUDIERA ESCUCHARME

Título original: *Si Beethoven pogués escoltar-me*

Primera edición: marzo de 2015

© de esta edición:
Ara Llibres SCCL
Pau Claris, 96, 3r 1a
08010 Barcelona
www.nowbooks.es

GrupCultura03

© 2014, Ramon Gener
© 2014, Alfonso Barguñó Viana, por la traducción

Diseño de la cubierta: Nuria Zaragoza
Fotografía de la cubierta: Marc Duran
(inspirada en el original de Ed Uthman *Yes Music in the Amphitheater*, 1970)

Fotocomposición: Infillibres, S.L.

Impresión: Liberdúplex

ISBN: 978-84-942171-3-5
DEPÓSITO LEGAL: B. 11.488-2014

A Ramon y Maria Teresa

PRÓLOGO

Ahora que ya me encuentro en la segunda parte de mi vida, me doy cuenta de que la música siempre me ha acompañado. Siempre ha estado a mi lado. Incluso en aquellas situaciones que son manifiestamente no musicales, mi cerebro siempre encuentra una música adecuada para explicar la situación. En algunos momentos de mi vida, cuando equivocadamente intenté dejar la música de lado, esta se hacía presente de forma constante y obsesiva, sin que pudiera hacer nada. Por lo tanto, siguiendo el consejo de Oscar Wilde que dice que la mejor manera de vencer a la tentación es sucumbir a ella, lo hice. Sucumbí ante la música. Y es que mi cabeza siempre piensa en y con música. Siempre.

Naturalmente, en la vida hay muchas más cosas que la música y, de hecho, he disfrutado y disfruto haciendo otras cosas que también me llenan. Pero la música, lo quiera o no, como si no pudiera hacer nada para evitarlo, siempre va conmigo.

Por este motivo, he pensado que explicar cómo es mi relación con esta música que siempre me acompaña y que me ha ido moldeando como persona durante todos estos años tal vez mereciera una reflexión por escrito. Aunque no estoy muy seguro de que pueda interesarle a alguien, he decidido llevarlo a cabo.

De pequeño no me gustaba leer. No me gustaba nada. Pero cuando con dieciocho años hice clic (ya explicaré esto en profundidad), empecé a devorar partituras y libros de todo tipo, especialmente de temas musicales. Le encontré el gusto a analizar minuciosamente las biografías de las personalidades que iba descubriendo y que empezaban a inspirarme. Al leerlas, me di cuenta de la doble dimensión de cualquier artista: la privada y la pública. También descubrí que ambas siempre están relacionadas. Descubrí que son inseparables y que, en muchos casos, se mezclan. Me encantaba saberlo todo sobre mis referentes. No obstante, el paso del tiempo me ha hecho ver las cosas de otra manera. Creo que el ámbito privado de las personas debe permanecer siempre privado y que debe separarse de la vida pública. Por eso en este libro que, sin duda, tiene un ápice autobiográfico, mantengo este hilo únicamente para dar sentido a mis experiencias musicales, artísticas o televisivas que, por otro lado, creo que son las que pueden tener algún tipo de interés.

No tengo ningún mensaje transcendental que dar, ni tengo la intención de aleccionar a nadie. Tampoco sabría cómo hacerlo. Solo tengo el placer y la ilusión de explicar y compartir con todas las personas que pueda todo aquello que la música me ha enseñado.

OBERTURA

Dormono entrambi,
Non vedran la mano
Che li percuote.

Norma (Acto II – escena I)[1]
VINCENZO BELLINI, FELICE ROMANI

Nueve y media de la noche del jueves 25 de enero de 1973 en el Gran Teatro del Liceo. *Norma*, de Vincenzo Bellini, con la Caballé y la Berini. Un reparto de lujo para una de las óperas más queridas del repertorio. Una de las noches más gloriosas de la historia del Liceo. Fue mi primera vez.

En casa había una gran alegría y excitación porque habíamos conseguido un palco para ir a ver uno de los acontecimientos operísticos más importantes de las últimas temporadas del Liceo. Yo aún no lo sabía —bueno, de hecho no sabía nada—, pero al parecer lo de ir a un estreno del Liceo no era nada habitual, al menos en mi casa. Pero el caso es que teníamos un palco para ir a ver a la Caballé y a la Berini cantando la *Norma* de Bellini. Todo un acontecimiento. En casa, todos estábamos muy emocionados y corríamos de un lado para otro. Nos vestimos de domingo y mis padres, después de atarme los cordones de los zapatos, me peinaron el cabello con colonia.

El teatro me pareció inmenso. Gigante. Estaba abarrotado. Sentados en nuestros asientos de un palco lateral del anfiteatro, se apagaron las luces y el maestro Gianfranco Masini, un experto en el repertorio belcantista, apareció en el foso y comenzó la ópera.

---

1. «Duermen tranquilos, / no verán la mano / que los hiere.»

Los fuertes acordes de la obertura en *allegro maestoso e deciso* sonaron y... no me gustaron. Miré a derecha e izquierda y tanto mis hermanas como mis padres parecían muy concentrados y entusiasmados. Lo intenté de nuevo, pero volví a fracasar. Recuerdo perfectamente que todo en conjunto me resultó pesado y aburrido. Muy aburrido. Empecé a bostezar una y otra vez y, después de cinco minutos, salí al antepalco y me estiré sobre el típico sofá que había en los antepalcos del antiguo Liceo y, sí, me dormí. Cuando me despertaron, la función ya se había acabado. Me había perdido la famosísima *Norma* de la Caballé y la Berini. Una noche histórica y yo, a pesar de estar ahí, me la perdí. Sencillamente, me dormí. Solo tenía seis años.

IMAGINACIÓN

«Mi imaginación no puede imaginar una felicidad mayor que vivir del arte», decía Clara Schumann. La mía tampoco. Por eso me gusta tanto impartir cursos o dar conferencias. Me gusta contagiar a la gente la idea de que imaginar es el paso definitivo para renovarse cada día y para poder entender a Beethoven, Monet, Wagner, Kandinsky, Verdi, Rousseau, Munch, Goethe, Brahms... Hay muchas formas de ganarse la vida en el mundo del arte, pero para mí la más maravillosa de todas es compartiendo, enseñando y, sobre todo, aprendiendo. Enseñar cualquier tipo de actividad artística implica, de alguna forma, querer ser un artista. Sin pasión no se pueden compartir los conocimientos y sin pasión nunca puede haber imaginación.

Todos los artistas, todos los grandes músicos, son pozos insondables de imaginación. Naturalmente, cada uno tiene sus referentes. Los míos son Mozart y Rossini. Dos genios. Dos hombres muy cercanos que, desde mi punto de vista, son imaginación en estado puro. Mozart era un espíritu universal. Un hombre que trascendió el clasicismo gracias a su imaginación. ¿Cuánta imaginación se necesita para escribir más de seiscientas veinte obras, todas maravillosas y para todos

---

2. «Dirás que soy un soñador, / pero no soy el único; / espero que algún día te unas a nosotros, / y que entonces haya un solo mundo.»

(todos) los instrumentos imaginables en un periodo de treinta años? ¿Cuánta imaginación se necesita para ser capaz de hablar al revés e inventar los juegos de palabras más inverosímiles? Discurrir sobre Mozart y sobre su imaginación sería una tarea infinita, pero hay una anécdota que, aunque tal vez no sea cierta del todo, ilustra muy bien su inmensa capacidad imaginativa. Parece ser que Joseph Haydn y Mozart, que eran buenos amigos, se habían reunido con otros conocidos para comer en Viena. Durante la comida, los presentes elogiaron la gran capacidad interpretativa tocando el piano de los dos compositores. Entonces, Mozart propuso espontáneamente un divertimiento: «Ahora veréis: voy a escribir aquí mismo una pieza que ni siquiera el gran Haydn podrá tocar.» Haydn aceptó el reto y se jugó una caja de botellas de vino espumoso. Mozart cogió papel y lápiz, y, en pocos minutos, escribió la pieza. Haydn se sentó al piano y empezó a tocar, aparentemente sin problemas. Pero, de repente, se detuvo y dijo: «Esto no se puede tocar: tengo la mano derecha en un extremo del teclado y la mano izquierda en el otro, y aquí en medio hay una nota que se debería tocar al mismo tiempo. Esto es imposible.» Entonces Mozart exclamó con tono victorioso: «¡He ganado! La pieza se puede tocar perfectamente.» Se sentó al piano, empezó a tocar y cuando llegó al punto donde Haydn había sido incapaz de seguir, Mozart tocó la nota del medio con la punta de la nariz.

El dueto llamado del espejo o de la mesa es otro ejemplo perfecto, de los muchos que podría escoger de Mozart, para entender qué quiere decir imaginación en estado puro. Imaginación sin límites. Se trata de un divertimento en Sol Mayor para dos violines. La partitura está diseñada para que los dos violines la puedan tocar al mismo tiempo, pero leyéndola en sentido inverso. Para hacerlo se debe poner la partitura sobre la mesa y los violinistas se han de colocar uno frente al otro con la partitura en medio. De esta manera, empezando a la vez, mientras el primer violinista toca el primer compás, el segundo toca el último (que para él es el primero), cuando el primero avanza al segundo, el otro violinista avanza al penúltimo, y así hasta el final. Naturalmente, para componer esta maravilla es necesario un gran conocimiento y ser un monstruo musical. Pero esto no es suficiente. Para concebir un divertimento de este tipo, lo que se necesita, en primer lugar y antes que nada, es mucha imaginación.

Rossini es mi segundo referente imaginativo. Nació tres meses después de que muriera Mozart y su conexión con él es evidente. Ambos estudiaron en Bolonia cuando tenían catorce años con los mejores maestros de su tiempo. Al llegar a la ciudad, Rossini empezó a estudiar con el padre Mattei. Mozart, por su parte, había estudiado con el predecesor de Mattei, el padre Martini, quien hizo más que nadie para convertir Bolonia en un centro reconocido de estudios musicales. Martini había logrado reunir en el Liceo musical de Bolonia una biblioteca de más de diecisiete mil volúmenes. Muchos de estos volúmenes eran obras de Mozart que Rossini pudo estudiar. Algunos biógrafos de Rossini dicen que su verdadero maestro fueron esas partituras de Mozart y no una figura como el padre Mattei, un hombre de talante bastante conservador. Sin duda, la personalidad práctica, instintiva e imaginativa de Rossini y su legado musical se corresponden más con el espíritu universal de Mozart que con el del padre Mattei. En aquellos primeros años del siglo XIX, en los que la música de Mozart se tocaba y se conocía muy poco, las obras del genio de Salzburgo que Rossini halló en la biblioteca del Liceo musical de Bolonia resultaron ser una verdadera fuerza inspiradora. El mismo Rossini lo reconoció cuando dijo: «Mozart fue la admiración de mi juventud, la desesperación de mi madurez y el consuelo de mi vejez».

La imaginación creativa y el optimismo de Rossini tampoco tienen límites. ¿Cuánta imaginación se necesita para componer *El barbero de Sevilla* en (supuestamente) trece días o para reutilizar su propia música y que siempre parezca nueva o para retirarse a los treinta y siete años, después de haber escrito treinta y nueve óperas? Rossini, igual que Mozart, también fue un ejemplo de precocidad. Escribió su primera ópera con tan solo catorce años. Mozart con once. Parece ser que, durante el invierno, le gustaba componer en la cama, bien tapado. Un día, mientras escribía, se le cayó de la cama la última página de la ópera que estaba escribiendo. Rossini, en lugar de levantarse para recogerla, volvió a escribirla. ¡Su imaginación creativa era tan grande que prefirió volver a escribir toda la página con música nueva que levantarse para recoger la otra!

En el maravilloso libro *Essai sur l'Histoire de la Musique en Italie depuis les temps les plus anciens jusqu'a nous jours* (*Ensayo sobre la historia de la música en Italia, desde los tiempos más remotos hasta nuestros días*), escrito por el conde Gregoire Orloff y publicado por primera vez en París en 1822, el autor nos da esta información de primera mano: «Rossini aparece como una estrella brillante. Sus producciones ocupan todos los templos consagrados a la música. Su imaginación es tan grande como su lucidez. Su fecundidad es tan grande como su felicidad.» Es decir, Rossini, que como todos también sufrió momentos difíciles y dolorosos en la vida, era eminentemente feliz gracias a su creatividad, que le proporcionaba la imaginación. Y es que sin imaginación es imposible ser feliz.

Cuando era pequeño y mis padres me obligaban, con seis años, a asistir al conservatorio del Liceo para estudiar piano y solfeo, la imaginación fue el único instrumento que tuve para escapar de una realidad que no me gustaba. Cuando estaba despierto imaginaba de forma consciente. Cuando estaba en el colegio o en el conservatorio hacía eso que se llama *soñar despierto*. Por eso, los profesores siempre decían que estaba ausente. Me refugiaba en mi mundo e imaginaba un ideal, de la misma manera que un gran intérprete, para interpretar su papel, tiene que imaginar un mundo ideal acorde con la obra que interpreta. Así, la gran e incomprendida Maria Callas, cuando la criticaban por su carácter difícil en el teatro, respondía: «Una ópera empieza mucho antes de que se levante el telón y acaba mucho después de que caiga. Empieza en mi imaginación, después se convierte en parte de mi vida y lo sigue siendo mucho tiempo después de que se acabe».

Cuando dormía, imaginaba de forma inconsciente. Lo hacía, y aún lo hago, cada noche. Era un auténtico sonámbulo, exactamente igual que el personaje de Amina en la ópera *La sonnambula* de Bellini, de esos que se levantan, caminan y hablan mientras duermen. Mientras pululaba y hablaba sonámbulo por casa, lógicamente no tenía un control voluntario de mi imaginación, pero casi siempre se repetía el mismo sueño, se repetía insistentemente: estaba con unos profesores ideales rebosantes de imaginación con quienes me lo pasaba fenomenal mientras aprendía.

Todo el mundo me tildaba de soñador y optimista sin remedio. Quizá lo fuera, y admito que seguramente todavía lo soy, pero ninguna de las dos cosas me ha hecho daño. Al contrario, la imaginación y el optimismo me han traído hasta aquí y estoy seguro de que aún me llevarán más lejos.

El personaje de Peter Pan creado por sir James Matthew Barrie me ayudaba a idear mi realidad imaginaria. Me gustaba ese mundo donde todo era posible y repetía aquella frase magistral que asegura que en el momento en que dudes de tu capacidad de volar habrás perdido para siempre la capacidad de hacerlo. Me impuse que no dudaría nunca de mi capacidad de volar y, aunque aún no lo he conseguido, estoy convencido de que algún día lo haré. Mis profesores, en cambio, hacían todo lo contrario. Cada día me repetían que volar era imposible y que comprender las cosas y la música como yo lo hacía era absurdo e infantil. Utilizaban la palabra *infantil* con sentido negativo y eso aún me enardecía más. Entre todos lograron que me aburrieran las corcheas, las fusas, las semifusas, los compases binarios, los cuaternarios, las tonalidades mayores, las menores, las escalas pentatónicas, las modales, las armónicas y todo aquello relacionado con la música y, muy especialmente, con el piano. Al final, a pesar de ser un niño muy tímido, decidí que no había suficiente con imaginar para sobrevivir. Así que, siguiendo el evangelio de Charles Chaplin que dice que «la imaginación sin la acción no es nada», decidí rebelarme. Decidí que tenía que hacer algo para liberarme de todo aquello.

Mi estrategia consistió, en primer lugar, en ser impertinente con los profesores y, después, en negarme a tocar el piano en clase. De este modo, cuando un profesor me corregía, simplemente no le hacía caso y me quedaba tan ancho, lo que puso nervioso a más de uno. Pero la bomba llegó cuando pasé a la segunda fase: negarme a tocar. Fue como una especie de huelga de manos caídas. Me ordenaban: «¡Toca!», y yo respondía: «¡No!» Lo decían aún más alto: «¡Haz el favor de tocar!», y yo, impasible, de nuevo respondía: «¡No!» Lo decía con tanta convicción que no daba opción a establecer otro tipo de negociación y al final ocurrió un milagro. La profesora se levantó de la silla, salió de clase, cogió el teléfono y llamó a mi madre: «Mire, señora, su hijo no quiere tocar. Yo ya no sé qué hacer. Haga el favor de venir a buscarlo, y qué quiere que le diga... No hace falta que lo traiga nunca más.» ¡Aleluya! Aquellas palabras sonaron maravillosamente dentro de mi cabeza con un precioso Do Mayor, como si fuera el *Gloria* de la misa de coronación de Wolfgang Amadeus Mozart.

> *Gloria! Gloria!*
> *Gloria in excelsis Deo,*
> *et in terra pax hominibus.*[3]

En mi casa capitularon. No les quedó otro remedio. Me dieron de baja del conservatorio y no volví nunca más. Consideraron que era un caso perdido. Para mis padres, que siempre me han querido tanto, fue una derrota muy dolorosa, pero para mí fue una gran victoria. Una victoria memorable. Veía frente a mí una vida sin conservatorio y eso era, sin duda, una perspectiva muy esperanzadora. Cada vez que pasaba por delante del piano del pasillo de casa, me detenía un momento y lo miraba con autosuficiencia, orgulloso y ufano de mi victoria.

El problema de mis profesores es que no tenían imaginación. O, si alguna vez la tuvieron, la habían perdido por el camino. La rutina los había destruido. La realidad se los había tragado y quizá nunca llegaron a comprender una de las máximas de Richard Wagner, «la imaginación crea la realidad», y no al revés.

Comparto totalmente la idea de Albert Einstein cuando afirma que la imaginación es más importante que el conocimiento. Su argumento es que el conocimiento es limitado, mientras que la imaginación puede llegar a todos los confines del universo. Estoy de acuerdo. La imaginación puede conseguirlo todo, está al alcance de todo el mundo y, como todas las cosas importantes de la vida, es gratuita. Sin imaginación sería imposible crear, no habría nada. Solo

---

3. «¡Gloria! ¡Gloria! / Gloria en lo alto del cielo / y paz a los hombres en la tierra.»

podemos crear aquello que hayamos imaginado antes. Si tenemos música, pintura, escultura, literatura, arquitectura o cualquier forma de expresión artística es gracias a la imaginación. También al conocimiento, pero sobre todo gracias a la imaginación.

Napoleón pensaba que la imaginación gobierna el mundo. ¿Quién puede dudar de que la imaginación es el motor de la creatividad? Y no solo de la creatividad artística, sino también de la creatividad científica. En este sentido, solo hay que pensar en sir Isaac Newton y la famosa manzana cayéndole en la cabeza. Todavía recuerdo el día en que, un poco por casualidad, cayó en mis manos la espiral imaginativa del doctor Mitchel Resnick del MIT (Massachusetts Institute of Technology). Con la espiral de este brillante pensador estadounidense, que dedicó todo su trabajo a investigar las ciencias del aprendizaje con niños, entendí definitivamente cómo aquella imaginación que siempre había utilizado de manera compulsiva y que me ayudó tanto durante mi infancia, puede proyectarnos directamente hacia el futuro para creer que todo lo que lleguemos a imaginar se puede convertir en realidad.

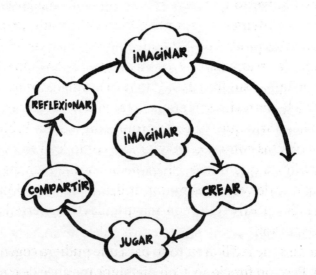

La espiral no tiene fin y consiste en cinco pasos que se van repitiendo hasta donde quiera llegar cada uno:

1. *Imaginar:* visualizar sin límites aquello que se quiere crear. Para hacerlo, es necesario desprenderse de todos los juicios de valor, conocimientos previos o pensamientos predefinidos que maniaten nuestro poder imaginativo.
2. *Crear:* con la mente siempre abierta a todos los problemas que se puedan plantear... esculpir, componer, dibujar o escribir el proyecto imaginado.
3. *Jugar:* mirar, escuchar, tocar, disfrutar, leer y utilizar lo que hemos creado pensando que siempre es mejorable y que las evoluciones o soluciones pueden surgir de cualquier lugar.
4. *Compartir:* mostrar el proyecto a los demás y recabar sus opiniones.
5. *Reflexionar:* analizar el *feedback* recibido y, si es necesario, realizar los cambios oportunos.

Llegados a este punto la espiral vuelve a comenzar. Volver a imaginar: volver a visualizar aquello que se quiere crear...

He aprendido a utilizar la espiral del doctor Resnick para cualquier nuevo proyecto que empiezo. Lo que más me gusta es su carácter permanentemente expansivo, hasta el infinito, a la vez que integra todos los puntos de vista que se puedan sumar. Su metodología espolea la creatividad y ayuda a que crezca cualquier propuesta. Poder imaginar sin límites, como si fuéramos Mozart o Rossini, es una escuela maravillosa para la creatividad. Imaginar, sabiendo que no es necesario que sea real porque, como decía Pablo Picasso: «Pinto los objetos como los imagino, no como los veo.» La clave es que hay pintores que transforman el sol en una mancha amarilla, pero aquel que de verdad es pintor utiliza su imaginación para hacerlo al revés: el PINTOR, con mayúsculas, convierte la mancha amarilla en un sol.

En mi casa me facilitaron todo para que pudiera coger el tren de la música. Pero no funcionó. Con diez años me apeé de ese tren. Por suerte, me esperaban otros trenes más adelante.

ESCUCHAR

Signore, ascolta!
Ah! Signore, ascolta!

Turandot (Acto I)[4]
Giuseppe Adami, Renato Simoni
Giacomo Puccini

Nunca me he encontrado con alguien a quien no le guste la música. Jamás. Pero, si a todos nos gusta tanto, ¿por qué nos cuesta tanto escucharla? Porque... ¿qué significa exactamente escuchar música?

Es evidente que la música tiene un poder emotivo que apela a los sentimientos. Los señores de Hollywood lo tienen muy claro. A pesar de que, para ser justos con la historia, hay que decir que lo descubrieron por casualidad. Cuando empezó el cine a principios del siglo xx, la intención de la música durante las proyecciones no era emocionar a los espectadores. No. La música se introdujo en las salas con una finalidad mucho más práctica: solapar el ruido de los proyectores. Durante aquellos años, había un piano y un pianista en cada sala de proyección, preparados para tocar a todo volumen y silenciar el molesto traqueteo de esos viejos proyectores. El primero en darse cuenta de que la música reforzaba las imágenes y de que los espectadores veían y oían a la vez, fue el director soviético Sergei M. Eisenstein cuando en el año 1925 estrenó *El acorazado Potemkin*. Eisenstein decidió montar el sonido de acuerdo con las imágenes que aparecían en la pantalla. De este modo nacieron las bandas sonoras. Un género musical muy específico y diferente de todas las composiciones musicales que se habían hecho hasta ese momento. Una música pensada

---

4. «¡Señor, escucha! / ¡Ah! ¡Señor, escucha!»

para reforzar la información visual. Con las melodías pertinentes se resaltaba la importancia de un momento determinado de la película. Cuando el cine aún era mudo, la que hablaba era la música.

Para la gente del cine, la música se ha convertido en un recurso emotivo irrenunciable que amplifica los sentimientos del espectador y proporciona a cada escena su sentido exacto. Imaginad cualquiera de vuestras películas preferidas sin música. Suprimid la música, por ejemplo, de la escena de la ducha de *Psicosis* de Alfred Hitchcock, o de la escena final de *Seven* de David Fincher, o del discurso sobre la libertad de William Wallace (Mel Gibson) en *Braveheart*, o de la escena en que Leonardo DiCaprio y Kate Winslet creen estar volando en la proa del *Titanic*. Sin música, ninguna de estas escenas famosas funcionaría. Sin música no son lo mismo. Porque la música subraya y espolea nuestros sentimientos de acuerdo con las imágenes que estamos viendo. Por eso, la música es tan importante en las películas. Pero, ¡atención!, porque, si lo pensamos un momento, nos daremos cuenta de que cuando estamos visionando una película nadie está escuchando la música. Solo la estamos oyendo. La música de la película es como una especie de música de fondo que encauza inconscientemente nuestros sentimientos en la dirección predeterminada por el director.

Las bandas sonoras del cine provocan en nosotros lo que se conoce como el efecto Château Lafite. Este efecto describe cómo la música que oímos de fondo (como en las películas) condiciona nuestros sentimientos y comportamientos. El estudio es obra del doctor en psicología Adrian North. Este eminente psicólogo analizó nuestro comportamiento en un restaurante de lujo en función de la música que sonaba de fondo. Hizo el experimento durante varios días. Primero, con música o sin música, y después con diferentes tipos de música. El resultado es sorprendente. Cuando suena música clásica de fondo en un restaurante de lujo, los clientes escogen los platos más caros de la carta. Pero Adrian North aún hiló más fino y, al parecer, el compositor que más afecta a nuestro bolsillo es Mozart. Según el experimento, la música de Mozart era la que impulsaba a los clientes no solo a escoger los platos más caros, sino también a elegir el vino más caro y a tirar la casa por la ventana con el postre. Parece que cuando Mozart suena de fondo nos sentimos más refinados y, para estar en sintonía con esta sensación, podemos gastarnos hasta lo que no tenemos.

Lo mismo ocurre cuando estamos en una sala de espera, en un ascensor, a punto de despegar en un avión o en un hospital. Nos ponen una música de fondo muy tranquila para que nos relajemos y no causemos problemas. La música flota en el ambiente. Nadie la escucha pero todos la oyen. Incluso los médicos van tarareando la melodía que suena por los altavoces del techo del quirófano mientras operan en un ambiente *happy*.

También es extraño cómo, en el mundo de la ópera, el papel o la importancia de la música ha ido cambiando. Para Mozart, «el libreto debía ser siempre el hijo obediente de la música», mientras que para Wagner la música daba sentido al texto. De este modo, durante el periodo del clasicismo de Mozart, la música es quien lleva la voz cantante y es la que cuenta la historia, mientras que con la llegada del Romanticismo y su exaltación de los sentimientos, la música pasa a reforzar los sentimientos expresados en el libreto. En este sentido, Wagner y todos los románticos concordaban más con la concepción cinematográfica de la música.

El compositor que acabó de remachar el clavo de esta cuestión fue Giacomo Puccini. Él fue un paso más allá que los románticos y fue el precursor de las bandas sonoras. La música que compuso habla directamente al corazón. Una música que apela directamente a los sentimientos. Es una música maravillosa, pero muchas veces es también una música tramposa que juega con nosotros y nos dirige sin que podamos hacer nada, de la misma forma que lo hace la música de las películas.

Para muchos de nosotros, escuchar música es escuchar la banda sonora de nuestra vida. Hace un tiempo planteé la pregunta «¿Qué quiere decir escuchar música?» en Twitter y Facebook y obtuve muchísimas respuestas. Veamos algunos ejemplos:

- Escuchando música me relajo, y mi mente descansa y solo disfruta de las notas y la belleza que tiene la melodía que escucho. (Jordi)
- Para mí, escuchar música es transportarme fuera de la rutina a un estado superior, diferente, libre... (Maite)
- Escuchar música es como sentirte en paz con todo... No tengo palabras, solo sentimientos. (Ricard)
- Escuchar música es sentir vida. (María)
- Escuchar música es pura emoción. Una necesidad. (Nuria)
- ¡Escuchar música es evadirme! Relajarme o reunir energías según el tipo de música que en ese momento necesiten mi cuerpo y mis oídos. (Eulàlia)
- ¡Escuchar música es abrir compuertas y abandonarse a los sentidos! (Gemma)
- Para mí, escuchar música es como leer un libro o mirar un cuadro, algunos te apasionan y otros te dejan indiferente. (David)
- Escuchar música es poner una banda sonora a un estado de ánimo y provocar un sentimiento. (Pere)
- Escuchar música es llenar el corazón de júbilo y alegría. Es un acompañamiento. La banda sonora de cada día que queda en el recuerdo. (Carlota)

Leyendo todas las respuestas que recibí, comprobé dos cosas. Primero, que para la gente escuchar y sentir la música es más o menos lo mismo. Y segundo: la mayoría destaca el poder emotivo de la música, los sentimientos.

Esta interpelación directa a los sentimientos es la que ha acabado configurando nuestra relación con la música. Supongo que por eso ponemos música alegre cuando estamos alegres o música triste cuando estamos tristes. Existen muchos estudios psicológicos que tratan de averiguar el porqué de este comportamiento, pero al fin y al cabo supongo que lo hacemos para reforzar nuestros sentimientos. Es curioso cómo funciona esta relación nuestra con la música.

¿Por qué nos ponemos música triste cuando estamos tristes? ¿Para ponernos aún más tristes? No tiene ni pies ni cabeza. A nadie le gusta estar triste pero, en cambio, cuando lo estamos, reforzamos este sentimiento con una música muy triste que nos acabe de hundir. Resulta difícil hablar de todo esto, porque nos estamos refiriendo a sentimientos, a emociones y... ¿Qué es una emoción? No existe una definición clara. La definición de *emoción* es diferente para cada uno de nosotros. Seguro que existen tantas definiciones como personas hay en el mundo.

¿Realmente estamos escuchando música cuando escogemos la más adecuada a nuestro estado de ánimo? Yo diría que no. Más bien tengo la sensación de que estamos utilizando la música para nuestros propósitos. La usamos. Siempre somos nosotros quienes la escogemos. Nunca, o casi nunca, dejamos que sea ella quien nos escoja a nosotros.

Cuando era un adolescente e iba de fiesta en fiesta y estudiaba derecho porque no sabía qué hacer con mi vida, sentía la música y la utilizaba inconscientemente como si fuera la banda sonora de mi vida. Ponía música a mi existencia escogiendo la adecuada para cada momento, la que mejor le quedara. Más o menos como hace todo el mundo. Nada especial. Las músicas que escuchaba con dieciséis, diecisiete o dieciocho años eran las típicas de un adolescente que tiene las hormonas en ebullición. Dejé la música clásica atrás el día en que abandoné el conservatorio, y prodigios musicales como Freddie Mercury, Elton John, Billy Joel, Bruce Springsteen y Mark Knopfler fueron mis elegidos. Como todos, escogía las músicas de acuerdo con mis gustos personales, y aquí es donde reside, para mí, la clave del problema. Creo que para escuchar hay que dejar los gustos personales de lado y tener el coraje que reclamaba Winston Churchill cuando decía: «Hace falta mucho coraje para levantarse y hablar, pero aún más para sentarse y escuchar».

Creo que la percepción general que tiene la gente sobre qué quiere decir escuchar música y la que tengo yo son diferentes. Escuchar no es escoger lo que quieres oír. Escuchar es sentarse y dejar que sea tu interlocutor quien hable aunque no te guste lo que tiene que decirte. Para mí, escuchar música es como escuchar a un amigo. Cuando un amigo nos pide hablar con nosotros y nos explica sus problemas, lo escuchamos. Queremos ayudarlo y, para hacerlo, necesitamos entenderlo. Prestamos atención a aquello que nos dice e interactuamos con él. Respondemos y mantenemos una conversación fluida dejando que sean sus argumentos los protagonistas de la situación. Nuestra actitud proactiva, nuestras interpelaciones o nuestros silencios, le ayudan a explicarse mejor y nos ayudan a nosotros a comprender qué quiere decirnos. Esta actitud es la que deberíamos adoptar con la música.

Debemos dejar que la música se explique, tenemos que dejar que nos diga lo que nos tiene que decir. Debemos acogerla como a un amigo que queremos. Solo así seremos capaces de escucharla y, lo más importante, entenderla. Mucha gente se empecina en el estudio musicológico para encontrar el mensaje de la música. Evidentemente, el estudio es muy importante, pero creo que aún más importante que el estudio es la actitud de escuchar.

Esta nueva actitud de escuchar empieza con abrir las puertas a toda la música. A toda. A la que nos gusta, pero también y especialmente a la que, en principio, pensamos que no nos gusta. Esto significa ir al concierto de ese compositor que me han dicho que hace música contemporánea rara o ir a ver esa ópera que no me suena de nada o ir a escuchar a ese cantante novel de música pop que acaba de sacar su primer disco. Creo que solo los que estén abiertos a dejarse seducir con una nueva actitud proactiva de ESCUCHAR serán capaces de entrar en una nueva dimensión. La dimensión de los elegidos. La dimensión de aquellos que han aprendido que la música es una amiga que tiene millones de cosas que explicarte. Millones de cosas que ni te imaginabas.

Frank Zappa decía que «La mente es como un paracaídas, solo funciona cuando está abierto». Por eso siempre intento que todo el mundo se abra a nuevas experiencias musicales. Muchas veces resulta muy difícil, especialmente en el mundo de la ópera. Normalmente, el aficionado a la ópera conoce unas cuantas óperas del repertorio y siempre va a ver las mismas: *Tosca, La traviata, La Valquiria, Carmen, Fausto* o *Lucia di Lammermoor.* Y, si la programación del teatro de ópera de su ciudad le propone óperas que no conoce, no va. Sencillamente, no va. Quizá por desconocimiento. No lo sé, pero el hecho es que prefiere quedarse en casa y seguir haciendo sonar en su reproductor de CD, DVD o MP3 las óperas que hace años y años que escucha y que conoce de memoria.

Si nos abrimos a nuevas músicas, no solo estaremos descubriendo un nuevo mundo y escuchando lo que aquella música quiera explicarnos, sino que, al mismo tiempo, estaremos creciendo y, por lo tanto, cuando volvamos a nuestras óperas o músicas de siempre, las escucharemos desde otra posición. Habremos cambiado y, por lo tanto, todo será maravillosamente nuevo, incluso aquello que creíamos que ya conocíamos.

Esta actitud de escuchar se puede aplicar a todas las artes. El 22 de mayo de 2013 celebré el bicentenario del nacimiento de Richard Wagner presentando un acto en el Auditorio de Barcelona en el que la Banda Municipal de Música de Barcelona tocaba algunas piezas del compositor alemán para inaugurar la exposición pictórica *Visiones sobre la Valquiria.* Una exposición que recoge dieciséis cuadros que sendos pintores diferentes han realizado inspirándose en algún fragmento de esta conocidísima obra que forma parte de la gran tetralogía wagneriana. Le pregunté a una buena amiga si iría a ver la exposición y me respondió que no. Cuando le pregunté por qué, contestó que ya la había visto hacía un par de años y que por lo tanto no le interesaba. Me quedé de piedra. Le pregunté si la primera vez que había visitado la exposición había visto o había mirado los cuadros. No me entendió y entonces intenté explicarle la diferencia entre ver un cuadro y mirarlo. Intenté explicarle que los cuadros que había visto hacía dos años, a pesar de ser los mismos, ya no existían, porque la mujer que había visitado la exposición hacía dos años era muy diferente a la mujer que en aquel momento yo tenía delante. Le aseguré que si iba a visitar la exposición y miraba (*escu-*

chaba) los cuadros con atención, descubriría que aquellos cuadros tenían nuevas cosas que decirle. Al final, pude convencerla de que volviera. Al día siguiente me llamó al móvil muy excitada y me dio las gracias. «Genial, ha sido como volver a descubrir los cuadros por primera vez», me dijo. Exacto. Esta es la clave. Mi amiga descubrió una nueva forma de aproximarse al arte mucho más enriquecedora. Una manera que proporciona una visión distinta y nueva cada día.

Cuando volví a la música clásica y a la ópera voluntariamente con veinte años, después de pasarme la adolescencia haciendo el loco, los primeros discos que me compré fueron, no sé por qué, de Verdi: *Rigoletto*, con el gran tenor Alfredo Kraus interpretando el personaje del duque de Mantua, y *Otello*, dirigido por Karajan y con Mario del Mónaco, Renata Tebaldi y Aldo Protti. Escuché muchas veces esos discos de vinilo hasta que se rayaron de tanto ponerlos. De alguna manera, yo también me acabé rayando y finalmente me cansé de escucharlos. Cuando me ocurrió, me pregunté por qué esa música que me gustaba tanto había llegado a cansarme. Durante mucho tiempo, no encontré respuesta alguna. Seguía intentando escuchar en el tocadiscos de mi habitación *Rigoletto* y *Otello* como había hecho siempre. Evidentemente, sin éxito.

Pensé que me estaba pasando lo mismo que le sucedió al emperador José II cuando, en 1782, después del estreno en Viena de *El rapto del serrallo*, no fue capaz de comprender en su totalidad la obra de Mozart. El emperador se dirigió a Mozart y le dijo: «En general, demasiado bonito para nuestro oído, y un número excesivo de notas, querido Mozart.» Frente a esto, Mozart respondió: «Majestad, exactamente las notas que son necesarias, ni una más ni una menos.» Siempre he creído que con este comentario el emperador no estaba cuestionando la calidad de la obra de Mozart, sino poniendo de manifiesto sus propias limitaciones como oyente. Las mismas que yo tenía y que aún tengo muchas veces. De hecho, debieron pasar muchos años para que me diera cuenta de que lo que me pasaba es que no sabía escuchar música.

Aún sigo aprendiendo a escucharla. Espero no dejar de hacerlo y, aunque sé que nunca lo lograré del todo, no me desanimo. Lo sigo intentando. Ahora bien, de una cosa estoy seguro al cien por cien: si aprendemos o intentamos aprender a escuchar música y todas las grandes obras de arte de la historia, crecemos. Nos hacemos mejores. Cambiamos cada día. Friedrich Nietzsche, compositor y pianista además de filósofo, lo decía así en una de sus cartas después de haberse quedado maravillado escuchando *Carmen* de Georges Bizet: «¡Una obra como esta nos hace perfectos! ¡Al escucharla, nosotros mismos nos convertimos en una obra de arte!»

LIBERTAD

Someone saved my life tonight, sugar bear
You almost had your hooks in me didn't you dear?
You nearly had me roped and tied
Altar-bound, hypnotized
Sweet freedom whispered in my ear
You're a butterfly
And butterflies are free to fly
Fly away, high away, bye, bye.

Someone saved my life tonight[5]
Elton John, Bernie Taupin

En 1920, Fernando de los Ríos, miembro de la comisión ejecutiva del PSOE, viajó a la Unión Soviética para evaluar la posibilidad de que el partido ingresara en la Tercera Internacional. Cuando llegó a la URSS, De los Ríos quedó decepcionado con el rumbo totalitario que había tomado el régimen y, especialmente, con la falta de libertad. En la entrevista que mantuvo con Vladimir Ilich Lenin, le inquirió sobre esta cuestión. La famosa respuesta de Lenin fue: «¿Libertad? ¿Para qué?»

Una respuesta terrible e ingeniosa a la vez. Una respuesta que dice muchas cosas y oculta muchas otras. ¿Libertad para qué? Libertad para escoger. Así de simple. Hasta ese momento de la adolescencia alocada había pensado que la libertad era hacer lo que quisiera, cuando

---

5. «Alguien me ha salvado la vida esta noche, *sugar bear* / ya casi me tenías entre tus garras, ¿verdad, querida? / Ya casi me tenías amordazado, / hipnotizado, camino hacia el altar, / cuando la dulce libertad me susurró al oído: / eres una mariposa / y las mariposas vuelan libres. / Vuela lejos, vuela alto. ¡Adiós, adiós!», *Esta noche alguien me ha salvado la vida.*

33

quisiera y como quisiera. Exactamente lo que había estado haciendo hasta entonces. Evidentemente estaba equivocado. Fue al conocer a Victoria de los Ángeles, cuando aprendí que la libertad era otra cosa.

Sucedió, como casi todo lo que me ha pasado en la vida, por casualidad. Después de una de esas fiestas a altas horas de la noche a las que yo solía acudir para distraer al personal haciendo imitaciones de los cantantes de moda, se me acercó una persona para decirme que tenía buena voz y que la estaba desperdiciando al hacer el indio de esa manera. «Es una pena», me dijo. «¡Con la voz que tienes deberías estudiar canto! ¡Podrías cantar ópera en lugar de estar en este antro imitando a Julio Iglesias!» Al escuchar la palabra *ópera* se me pusieron los pelos de punta. No quería oír hablar de ópera ni de música clásica. Había logrado liberarme de ellas hacía unos años y, evidentemente, no tenía la más mínima intención de volver sobre mis pasos. De ninguna manera. Nunca más.

A pesar de mi rechazo visceral, siguió insistiendo diciéndome que, si quería, podría organizarme un encuentro con Victoria de los Ángeles para que me oyera cantar. Me daba una pereza tremenda, pero él insistía, insistía y seguía insistiendo. «¡Es una oportunidad única!», decía, «Ya lo verás, ¡no te arrepentirás!» Insistió tanto que, al final, accedí. Aún no sé por qué me dejé convencer. Supongo que para que se callara y me dejara tranquilo. Pero, fuera como fuera, lo organizó todo rápidamente y al cabo de un par de días me invitaron a casa de este icono de la ópera. Una de las sopranos más grandes del siglo xx.

Victoria me recibió con dos besos. Resultó ser la mujer más sencilla del mundo y enseguida me hizo sentir como en casa. Me preguntó qué cantaría y yo me apresuré a responder que la ópera no me gustaba y que no conocía ninguna aria. Mentira. Conocía muchas. Todas las que había escuchado (o, mejor dicho, me habían hecho escuchar) en casa y en el Liceo cuando era pequeño. Pero, de alguna manera, todo este bagaje musical se había borrado de mi mente. Mi cerebro se había encargado de bloquear aquella música que me lo había hecho pasar tan mal de pequeño. No era la única persona en el mundo que había sufrido un bloqueo de este tipo. El caso más famoso lo explica el conocido neurólogo Oliver Sacks en su fantástico libro *Musicofilia*. Se trata del caso de un crítico musical del siglo xx llamado Nikonov. Un experto en ópera que durante una representación de la ópera *Le Prophète*, de Giacomo Meyerbeer, sufrió un ataque epiléptico. A partir de ese momento, se volvió cada vez más aprensivo a la música y empezó a sufrir convulsiones cada vez más frecuentes siempre que escuchaba música, especialmente cuando escuchaba música de Wagner. Finalmente, Nikonov, a pesar de ser un gran conocedor y apasionado de la música, tuvo que evitar cualquier contacto con ella y renunciar a su profesión.

Bien, estaba claro que yo no tenía un problema neuronal que me provocara convulsiones como las que padecía el pobre señor Nikonov, pero el rechazo que había ido gestando hacia la ópera durante aquellos años era tan grande que mi cerebro simplemente se había encargado de bloquear cualquier interacción entre la ópera y yo. Por eso, cuando Victoria me preguntó qué fragmento de ópera cantaría, contesté que no conocía ninguno. A pesar de mi desafortunada respuesta, Victoria no se inmutó y sin perder su sonrisa me invitó a cantar lo que quisiera: «Tú mismo, canta lo que quieras, no te preocupes. Lo que sea».

Mi inconsciencia típica de ese tiempo me hizo empezar, sin ningún tipo de pudor, con una de las canciones con la que siempre triunfaba en las fiestas. Un estándar compuesto por John Kander y Fred Ebb que cantó originalmente Liza Minnelli en la película *New York, New York* de Martin Scorsese y que unos años más tarde popularizó la voz de Frank Sinatra.

> *Start spreading the news*
> *I am leaving today*
> *I want to be a part of it*
> *New York, New York...*[6]

---

6. «Ya podéis dar la noticia, / me voy hoy mismo, / quiero formar parte de ella, / Nueva York, Nueva York...»

A media canción me interrumpió y me pidió que cantara otra cosa.

> *And now, the end is near*
> *And so I face the final curtain*
> *My friend, I'll say it clear*
> *I'll state my case, of which I'm certain*
> *I've lived a life that's full*
> *I traveled each and every highway*
> *And more, much more than this, I did it my way.*[7]

Otro estándar, originalmente en francés, también popularizado por el miembro más destacado del Rat Pack. Victoria me escuchó con paciencia. Enseguida se dio cuenta de que yo era un majadero y se echó a reír (de mí, supongo). Pero, sea como sea, le caí en gracia. Había tenido bastante con cinco minutos para *calarme* perfectamente. «Muy bien, muy bien..., y ¿qué quieres hacer con esa voz que tienes?», me preguntó. Me quedé en blanco. ¿Qué quería decir? Yo no quería hacer nada con mi voz. Mi voz estaba perfectamente y mi vida también. Salía por las noches, tenía éxito en las fiestas y prácticamente nunca iba a clase en la universidad. Según mi visión de la vida de aquel momento, todo era perfecto. «¡Yo creo que deberías estudiar canto!», soltó Victoria. ¿Estudiar canto? ¿Por qué? Le repetí que el tema de la música clásica y la ópera no... ¡que no, vaya!

Nos sentamos en el sofá y me pidió que le explicara mi vida y mi relación con la música. Empecé y mientras me escuchaba seguía riendo. Le conté mis experiencias en el conservatorio, mis problemas con el piano, el solfeo, la música que constantemente sonaba en

---

7. «Ahora, el final ya está cerca / y ha llegado el momento del telón final. / Amigo mío, lo diré sin tapujos, / hablaré de mi caso, que conozco bien. / He vivido una vida plena, / he caminado por todos los caminos / y más, aún mucho más que esto, lo he hecho a mi manera.»

casa, todos los ensayos generales y funciones del Liceo a los que me habían llevado... Estuvimos hablando un buen rato. Victoria me escuchaba con los ojos muy abiertos y parecía estar encantada con las explicaciones de mis *aventurillas*. Se lo estaba pasando fenomenal. Finalmente, pronunció LA FRASE que nunca he olvidado: «A ti lo que te pasa es que estás escarmentado. Has tenido una reacción adversa a aquello que han intentado inculcarte desde pequeño y te has ido al otro extremo. Pero creo que tienes algo. Aún no sé qué es, pero sé que tienes algo».

Si tenía algo, yo no lo sabía. No lo había sabido nunca. Solo era un adolescente que vivía rápidamente y sin freno de mano. Le agradecí la atención y el rato que me había dedicado, pero le repetí, por enésima vez, que la ópera no era para mí.

«Lo entiendo —me dijo—. No hay ningún problema. Pero antes de que te vayas me gustaría darte un par de cosas.» Salió un momento del salón y, al volver, después de unos minutos, llevaba dos objetos en las manos. Me los dio. «Son un regalo para ti.» Se lo agradecí mucho y le di dos besos. Había pasado una tarde muy agradable. Cuando ya estaba a punto de bajar con el ascensor, me recordó que los regalos eran míos y que podía hacer lo que quisiera con ellos: «Si te gustan y quieres llamarme para hablarme de ellos, aquí estoy. Llámame cuando quieras. Pero, si no te gustan, no hay ningún problema, ¿vale?»

Llegué a casa antes de la hora de cenar. Era invierno. Una noche de esas tan oscuras y pesadas en las que deseas que llegue el verano para que la luz dure un poco más. Para que los días sean más largos. Días en los que miras el reloj, ves que son las nueve y media, y compruebas que aún es de día. En mi casa, que no tenían ni idea de dónde había pasado la tarde, me preguntaron qué había hecho. Se lo expliqué con pelos y señales, y se quedaron boquiabiertos. En estado de *shock*. Sobre todo, mi madre. No entendía nada. Ella, una melómana que había intentado que yo estudiara en el conservatorio, no podía concebir que yo hubiera... Simplemente, no lo comprendía.

Le enseñé los dos obsequios: el primero, un doble LP de *La bo-hème* de Puccini, en la que Victoria interpretaba el personaje de Mimì acompañada de un reparto de lujo; el segundo, un libro de partituras con treinta canciones inglesas antiguas.

Yo no tenía ni idea, pero esa grabación de *La bohème* era mítica. Dirigida por el gran sir Thomas Beecham y con Jussi Björling en el papel de Rodolfo, es una de las grabaciones de referencia de esta ópera. Mi madre alucinaba. ¿Y las canciones? Se trataba de unas melodías arregladas para voz grave y que se conocían con el nombre de *Elizabethan love songs*. Todo eso estaba muy bien pero, ¿qué pretendía Victoria con ello? ¿Que escuchara *La bohème*? ¿Que me estudiara aquellas canciones inglesas del siglo XVI? Todo en conjunto era absurdo. Yo ya le había dicho que no me interesaba.

En casa me dijeron que por respeto, atención y agradecimiento a Victoria tenía que hacerlo: tenía que escuchar *La bohème* y estudiar las canciones. Me dijeron aquello tan manido de «sobre todo, no hagamos el ridículo». Confieso que no tenía ni la más mínima intención de hacerlo. Pero, por alguna fuerza especial del destino, tuve un momento de lucidez mental (cosa poco frecuente en mí y todavía menos en aquella época) y lo hice. Encendí el tocadiscos de mi habitación y puse la cara A del primer disco. Acto primero. De repente, sonó el *Allegro vivace* que introduce a los bohemios Rodolfo y Marcello en su buhardilla de Montmartre:

Questo Mar Rosso
mi ammollisce e assidera
come se addosso
mi piovesse in stille.
Per vendicarmi, affogo un Faraon![8]

---

8. «Este mar rojo / me empapa y me mata de frío / como si estuviera lloviendo / sobre mí. / Para vengarme, ¡ahogaré al faraón!»

Hacía años que no escuchaba música de esta clase y estaba absolutamente seguro de que sería horrible. Pero cuando empezó a sonar me di cuenta de que esa música me era familiar. Sí, la había escuchado muchas veces en casa y por los pasillos del conservatorio. Era curioso. No era nada desagradable. Increíble. Escuché todo el primer acto hasta que llegué al aria de Victoria... Quiero decir, el aria de Mimì. Era como si esa música me despertara algún recuerdo profundo y apelara a mi cerebro. «¡Despierta!», me decía. Desbloqueé el cerebro, quité el polvo de la memoria y todo empezó a aclararse. Comencé a recordar: *Si, mi chiamano Mimì...* Incluso me sonaban las palabras. Pero había algo nuevo. Algo que no había oído nunca. La voz de Victoria. Era clara, pura y perfectamente afinada. Era como una voz de cristal: transparente y frágil. Con su voz, esa aria adquirió otro sentido, y cuando llegué al fragmento que dice lo siguiente:

> *Mi piaccion quelle cose*
> *che han sì dolce malìa,*
> *che parlano d'amor,*
> *di primavere,*
> *che parlano di sogni*
> *e di chimere,*
> *quelle cose che han nome poesia...*[9]

Pensé que la poesía solo podía ser su voz, que resonaba celestialmente por toda la casa. Había algo en su lirismo y en su inocencia que la hacía especialmente adecuada para esa música. Quizá por eso esta ópera de Puccini fue la que ella más amó y la que cantó en más ocasiones durante su vida. Hasta sesenta y siete veces en los mejores teatros del mundo: Barcelona, Madrid, Nueva York, Estocolmo, Fi-

---

9. «Me gustan las cosas / que tienen ese dulce encanto, / que hablan de amor / y de primaveras; / que hablan de sueños, / y de quimeras, / aquellas cosas que se llaman poesía...»

ladelfia, Boston, Chicago, Cleveland, Londres, Birmingham, Ciudad de México, Viena, Stuttgart, Bruselas, Bolonia, Detroit, San Francisco, Los Ángeles...

No cené. Perdí el apetito. Mi madre, encantada, me miraba desde la puerta de la habitación. Estaba escuchando ópera. Para mi madre debía de ser un sentimiento reconfortante. Por fin estaba escuchando la música que siempre había querido para mí. Se acabó el primer acto. Puse la cara B y empecé a escuchar el segundo acto y al llegar al vals de Musetta... se hizo tarde. En casa, todos se fueron a dormir. Me puse los auriculares y seguí escuchando. No tenía sueño. Estaba despierto. Muy despierto. De hecho, nunca había estado tan despierto.

Prácticamente no dormí. Mientras escuchaba *La bohème* jugaba con el libro de las *Elizabethan love songs* que tenía en las manos. Nunca lo hubiera dicho, pero tenía que admitir que Puccini estaba bien, me había sorprendido. Pero... ¿y esas canciones? ¿Cómo serían? ¿Y si no me gustaban? No osé abrir el libro porque pensaba que esa música del siglo xvi podría romper toda la magia que se había creado con *La bohème*. Dejé el libro encima del escritorio y seguí escuchando el final del segundo acto.

Al día siguiente, mi madre me animó a abrir el libro de las *Elizabethan love songs* y a estudiar un par de canciones. «Es lo mínimo que puedes hacer por Victoria después de todo el tiempo que te dedicó ayer.» Abrí el libro al azar y apareció esta canción de Tobias Hume publicada por primera vez en 1605.

> *Fain would I change that note*
> *to wich fond love hath charm'd me,*
> *long, long to sing by rote,*
> *fancying that that harm'd me*
> *yet when this thought doth come*
> *Love is the perfect sum*
> *of all delight*
> *I have no other choice*

either for pen or voyce,
to sing or write.[10]

Intenté solfear la melodía. Había perdido la práctica después de tantos años sin leer música. Mis habilidades estaban muy oxidadas. Pero insistí. Recordaba las blancas, las negras, las corcheas, el Mi, el Si, el Do, el Re. ¿En qué tonalidad estaba? ¿En Mi... bemol... Mayor? Sí, en Mi bemol Mayor. El compás era extraño. Un 6/4. El inglés antiguo, propio de la época de William Shakespeare, tampoco ayudaba mucho. Era una dificultad añadida. Le dediqué un buen rato. Un buen rato y, poco a poco, la canción fue tomando forma en mi cabeza. Al final, la tenía. Llevando el compás con la mano derecha la canté de principio a fin. Al acabar, me detuve un segundo para pensar. Era preciosa. Era una canción preciosa. Sencillamente preciosa. Esa canción había sido escrita hacía casi cuatrocientos años, pero me había gustado. Mucho.

Hojeé todo el libro y estudié, también al azar, algunas otras canciones: *Come again, When Laura smiles, What if I seek for love...* Todas eran maravillosas. Todo estaba pasando muy rápido y, a media mañana, sin saber muy bien cómo, sin pensarlo demasiado, casi de una manera instintiva, descolgué el teléfono y llamé a Victoria. Necesitaba respuestas. «Ven esta tarde», dijo.

A primera hora de la tarde, después de comer, estaba de nuevo en su casa, puntual. Cuando me vio, sonrió con una ternura maternal. No necesitaba que le dijera nada. Ya lo sabía todo. No sé cómo lo sabía, pero lo sabía. «¿Y bien?», preguntó maliciosamente. Yo no sabía qué tenía que decir o qué tenía que hacer. Solo sabía que había escuchado *La bohème* y que me había gustado. Solo sabía que había estudiado algunas de las *Elizabethan love songs* y que también

---

10. «De buena gana cambiaría esa nota / con la que he encontrado el amor y el encanto. / Durante demasiado tiempo he cantado de memoria / sabiendo que esto me hacía daño. / Pero me surge este pensamiento: / el amor es la suma perfecta de todos los placeres. / No tengo otra opción, / ya sea con la pluma o con la voz, / que cantar o escribir.»

me habían gustado. Eso era todo. Esto era todo lo que sabía. Muy raro, pero así era. Y de nuevo estaba allí, en su casa, sin todavía saber muy bien por qué. Supongo que simplemente volví porque necesitaba que Victoria me explicara qué demonios me estaba pasando.

Estaba excitado y me tranquilizó. Me invitó a acercarme al piano. Me quedé de pie al lado de ese magnífico Steinway & Sons que tenía en el salón. Se sentó, abrió la tapa y me hizo vocalizar. Yo nunca lo había hecho y no tenía ni idea de cómo iba todo aquello. Me lo explicó, respiré y empecé a viajar de un lado a otro de las teclas del piano con la voz. En pocos minutos ya tenía el diagnóstico: «Eres barítono».

¿Barítono? ¿Qué diablos quería decir ser barítono? ¿No sería mejor ser tenor? Todavía me parece oírla reír. No, barítono... Muy bien, ¿y qué?

—¿Quieres estudiar?
—¿Canto? Ostras, no lo sé. En principio... no.
—Tienes voz. Creo que valdría la pena que estudiaras canto.
—Es que... ¡no lo sé!
—Mira, si te parece bien, hagamos una cosa. Si tienes ganas de estudiar... YO MISMA TE DARÉ CLASES. ¿Qué me dices?
—¿Qué?
—Piénsatelo.
—¿Estás segura?
—Yo sí. ¿Y tú?
—No. Ahora mismo no estoy seguro de nada.
—Considéralo y, cuando hayas tomado una decisión, me lo dices.

¿Qué estaba ocurriendo? El día antes odiaba la ópera y cualquier cosa relacionada con la música clásica, y ahora estaba allí, vocalizando. Victoria de los Ángeles en persona me estaba diciendo que, si decidía estudiar canto, ella misma me daría clases. ¿Cómo era posible? Dudaba. Un día antes no hubiera dudado ni un segundo. Habría dicho que no y me habría quedado tan ancho. Pero ahora... dudaba. No sabía qué hacer, qué decir, qué contestar. ¿Qué me había hecho esa mujer en tan solo veinticuatro horas?

«Considéralo y, cuando hayas tomado una decisión, me lo dices.» Tumbado en la cama de mi habitación miraba fijamente el techo e intentaba ordenar mis pensamientos, «... cuando hayas tomado una decisión...». Tenía que tomar una decisión. ¿Cómo? Nunca lo había hecho. Hasta aquel momento mi vida había ido tirando y ya está. Me divertía, me lo pasaba bien y estaba inscrito, aunque no fuera nunca, en la universidad. Pero todo eso pasaba porque sí. Era una especie de inercia inconsciente. Pero detrás de aquello no había un plan. Al pensar en ello, me di cuenta de que nunca había tomado una decisión importante. Es cierto que logré dejar el conservatorio gracias a la estrategia que ideé años atrás. Pero no fue una decisión razonada. No. Aquello solo fue un acto de rebelión. Una pequeña revolución. Ahora me encontraba con que algo que había odiado, de repente, me gustaba. Era como si mi cabeza hubiera hecho clic. Victoria me había despertado y me había llevado a una encrucijada. Tenía que escoger y, por primera vez, sentí la responsabilidad de ser libre.

«El lugar más seguro es la celda de una prisión, pero allí no hay libertad», dijo Benjamin Franklin. Así es como había vivido hasta ese momento. En una especie de celda. Una celda muy confortable y divertida en la que hacía lo que quería, pero sin libertad. Porque, como decía Rousseau, «la libertad no consiste en el poder del hombre para hacer lo que quiera».

Cuando debemos tomar una decisión hacemos un ejercicio de libertad. Un ejercicio de responsabilidad. Jean Paul Sartre sostenía que el hombre está condenado a ser libre, porque en algún momento deberá decidir y su decisión le hará responsable de todas las consecuencias que se deriven. Angustiante. Pero es así. Renunciar a la libertad es renunciar a ser hombre y a todos los deberes que se derivan. Con el paso del tiempo, me he dado cuenta de que el mejor regalo que me hizo Victoria no fue aquel disco ni aquel libro, sino llevarme hasta esa encrucijada y darme la posibilidad de escoger. Abrirme los ojos. Recordarme que estaba capacitado para ser libre. En ningún momento me dijo lo que tenía que hacer. Solo me dijo: «Creo que valdría la pena que estudiaras canto...» Solo me apuntó una posibilidad nueva y me dejó a mí, solo a mí, la responsabilidad de escoger.

Decir que no, significaba seguir en esa celda de lujo en la que había vivido hasta aquel momento. Decir que sí significaba mucho. Era arriesgado. No se trataba de probarlo un poco a ver qué pasaba y ya está. No. Victoria se estaba involucrando personalmente y esto exigía un compromiso por mi parte. Un compromiso firme. No quería hacerle perder el tiempo a nadie y menos aún a Victoria. Millones de veces me había devanado los sesos pensando si todo eso tenía que pasar. Si fue una cuestión del destino. Si estaba todo determinado previamente y si de verdad tenía una opción de escoger. Si de verdad tenía libertad para tomar una decisión. El pensador Fernando Savater explica muy bien el dilema de la posibilidad de escoger en el primer capítulo de su magnífico libro *Ética para Amador*. Para hacerlo, Savater relata dos historias. La primera, la de las termitas blancas de África que construyen hormigueros altos y fuertes. Estas termitas tienen el cuerpo blando y sus termiteros, duros como piedras, les sirven de defensa frente a hormigas enemigas mejor armadas. Pero, a veces, por culpa de una riada o de un elefante que decide rascarse con él, el termitero se hunde. Cuando eso ocurre, las termitas obreras se ponen a trabajar para reconstruir el termitero rápidamente mientras las hormigas enemigas intentan asaltar los restos de la fortaleza. Entonces, las termitas soldado salen a defenderse del ataque enemigo. Se cuelgan de las hormigas enemigas para intentar frenar su marcha. Pero las enemigas son más fuertes y con sus poderosas mandíbulas descuartizan a las pobres termitas soldado. Las termitas obreras trabajan rápidamente y vuelven a cerrar el termitero. Pero, al cerrarlo, dejan fuera a las pobres y descuartizadas termitas soldado que se han sacrificado por la seguridad del resto.

La segunda historia que plantea Savater es un tema bastante conocido. El combate de Héctor y Aquiles frente a las puertas de la muralla de Troya. Héctor sabe que Aquiles es más fuerte y que seguramente le acabará matando, pero aun así decide cumplir con su deber. Igual que las termitas soldado que salen del termitero, él sale de la ciudad y se enfrenta al enemigo. Homero recoge la gesta de Héctor en la *Ilíada*, pero ningún Homero ha recogido las gestas de las termitas blancas. ¿Por qué? Pues porque las termitas solo actúan por instinto. No hay heroísmo en su comportamiento. No tienen libertad para escoger. En cambio, Héctor toma libremente la decisión de luchar. Podría haber elegido no enfrentarse a Aquiles y no morir frente a las puertas de la muralla de Troya. Pero utilizó su libertad, escogió y asumió las consecuencias de su decisión. Murió, pero durante un breve periodo de tiempo, igual que las termitas africanas, logró frenar al enemigo.

La historia de Héctor siempre me ha hecho pensar en Mozart. Igual que el héroe troyano, que un día decidió dejar la seguridad de las murallas y enfrentarse solo al peligro exterior, Mozart dejó la seguridad de Salzburgo para intentar triunfar en Viena. En Salzburgo, Mozart estaba al servicio del príncipe-arzobispo Colloredo. Un hombre autoritario e inflexible con el cumplimiento de las obligaciones impuestas a sus subordinados. El sueldo de Mozart en Salzburgo era realmente modesto, pero el cargo de *Konzertmesiter* que tenía le proporcionaba una buena estabilidad laboral que le permitía vivir y escribir sinfonías, sonatas, cuartetos, serenatas, divertimentos, música sacra y, muy esporádicamente, alguna ópera. Pero el compositor no estaba contento, sentía que estaba llamado a hacer algo más importante. Su relación con Colloredo se fue deteriorando y el carácter arisco del arzobispo provocó que Mozart se sintiera menospreciado e incluso esclavizado. La ambición de Mozart era ir a Viena y enfrentarse solo al mundo. Finalmente, Mozart fue tensando la cuerda hasta que logró que el arzobispo aceptara su renuncia. El conde Arco, chambelán del arzobispo, lo despidió, literalmente, de una patada en el culo. Mozart se sintió ofendido por el trato recibido, pero a fin de cuentas era libre para ir a Viena y luchar, igual que Héctor, contra los más fuertes. Leopold, el padre de Mozart, advirtió repetidamente a su hijo del peligro de dejar la seguridad laboral de Salzburgo. También Príamo, rey de Troya y padre de Héctor, le pidió a su hijo que fuera prudente. Pero tanto Mozart como Héctor no hicieron caso de las advertencias y escogieron su opción. Hicieron uso de su libertad. Los dos eran fuertes y valientes. Un gran guerrero y un gran músico. Al principio se impusieron a la situación, e incluso Mozart llegó a ganar mucho dinero y disfrutó de una gran celebridad en Viena. No estaba nada mal para el primer músico *freelance* de la historia. Pero, al final, igual que Héctor frente a Aquiles, cayó por culpa de las intrigas de la corte y de la sociedad vienesa.

Los dos perdieron, pero los dos se han convertido en inmortales. Es cierto que el cuerpo de Héctor fue lacerado por los arqueros, arrastrado sin honor por el carro de Aquiles y expuesto al sol y las bestias durante doce días. Es cierto que Mozart se vio obligado a pedir dinero a sus amigos para sobrevivir y que su cuerpo, consumido y exiguo, fue depositado en una fosa común ante la indiferencia de la sociedad vienesa. Es cierto. Pero hoy elogiamos a estos hombres, como verdaderos héroes, porque ejercieron su libertad. Tomaron una decisión y asumieron las consecuencias.

«Considéralo y, cuando hayas tomado una decisión, me lo dices.» ¿Qué hacer? ¿Intentar emular a Héctor y Mozart a pesar de saber que había probabilidades de fracasar en el intento o quedarse dentro de las murallas del Salzburgo y la Troya de mi casa estudiando una carrera más *normal*?

Intenté hallar la respuesta en *La bohème*. Volví a escucharla. Traté de escucharla con más atención. Al menos, de otra manera. Intenté ver más allá de esas voces maravillosas y de esa música fascinante. En principio parecía que esa obra trataba de la muerte, el drama y las relaciones amorosas de Rodolfo y Mimì. Tal vez sí. Pero tenía que haber algo más. Sospechaba que Victoria no me había dado precisamente esa ópera porque ella fuera la protagonista. Estaba seguro de que no me la había dado para que la escuchara a ella. Conociendo a

Victoria, eso estaba claro. Su ego no era de este tipo. No. Había algo que se me escapaba. Victoria me había regalado *La bohème* por algún motivo que yo no llegaba a comprender. Acopié todos los libros que corrían por casa sobre *La bohème*. Empecé a leer y a informarme sobre esta ópera y sobre Puccini, mientras en el tocadiscos sonaba el final del cuarteto del tercer acto.

Con veintiún años, Puccini llegó a Milán para estudiar en el conservatorio. Había acabado sus estudios en el Istituto Musicale Pacini di Lucca, su ciudad natal y, con una modestísima beca que la reina Margherita Teresa de Saboya otorgaba a los músicos con pocas posibilidades económicas, se instaló en una pequeña habitación de una callejuela de la capital lombarda. El primer año estuvo allí solo pero, a partir del segundo año, compartió la habitación con su hermano Michele, con un primo y con Pietro Mascagni, que años más tarde también se convertiría en un compositor de fama mundial. Y así tenemos a Puccini instalado en Milán en un piso de mala muerte con cuatro colegas, exactamente igual que los cuatro protagonistas de *La bohème*, que viven en una buhardilla destartalada del barrio de Montmartre en París: el poeta Rodolfo, el pintor Marcello, el músico Schaunard y el filósofo Colline.

Hay muchísimas anécdotas que relatan la vida de estudiante de Puccini en Milán y es maravilloso comprobar cómo algunas son prácticamente las mismas que las que viven los protagonistas de *La bohème*. Así, como los personajes de la ópera, que no tienen ni un chavo y tratan de engatusar al propietario de la buhardilla en la que viven para no tener que pagarle el alquiler, Puccini y sus compañeros hacían exactamente lo mismo cuando el propietario de la habitación y otros acreedores iban a cobrar las deudas. Como los cuatro bohemios y sus amigas se encaminan al Café Momus para pasar una velada alegre, así también Puccini y Mascagni, con buena compañía femenina, solían frecuentar los cafés de la famosa Galleria Vittorio Emanuele y los de la Osteria Aida, donde el generoso propietario tenía para ellos una cuenta abierta que el pobre hombre tardaba meses en cobrar. En las anotaciones de su diario, Puccini nos explica que su comida principal durante aquella época era, naturalmente por cuestiones económicas, el arenque, que curiosamente es lo mismo que comen los cuatro bohemios de la ópera en el cuarto acto. Al final de la ópera, el filósofo Colline decide empeñar su abrigo para comprar medicinas para la pobre Mimì. Puccini hizo lo mismo con su abrigo. También lo empeñó. En su caso, sin embargo, para poder invitar a una bailarina de ballet de la Scala de la que se había encaprichado.

Años más tarde, ese Puccini estudiante de Milán había dejado paso al gran compositor que obtuvo su primer éxito con *Manon Lescaut* en Turín. Cuando eso sucedió, el compositor estableció su residencia en Torre del Lago, un lugar donde había una pequeña colonia de escritores y artistas que disfrutaban de la tranquilidad y la paz del mundo rural. Disfrutaban de aquello tan fascinante que los italianos llaman *il dolce far niente*. Inspirado por aquellos cuatro bohemios a los que les estaba poniendo música y que tanto le recordaban su estancia en Milán, decidió fundar un club con sus amigos. Al club lo bautizaron con el nombre Club La bohème y lo instalaron en un local que compraron Puccini y sus amigos, en un lugar donde antes estaba la zapatería del pueblo. En la puerta del local colgaron las divertidas normas del club, que estaban escritas en un latín deliberadamente macarrónico:

- Los miembros del Club La bohème, fieles intérpretes del espíritu con el que ha sido fundado, se comprometen bajo juramento a estar bien y comer mejor.
- Aburridos, estómagos delicados, zopencos, puritanos y otros seres viles, no serán admitidos.
- El presidente tendrá función conciliadora, pero procurará importunar al tesorero cuando cobre las cuotas de afiliación.
- El tesorero queda facultado para huir con el dinero.
- Todos los juegos permitidos por la ley están prohibidos.
- Se prohíbe el silencio.
- No se permite la sensatez, excepto en casos extremos.

Leyendo estas y otras cosas, pero sobre todo escuchando, escuchando y volviendo a escuchar *La bohème*, le hallé otro sentido a la ópera. Por fin encontré el sentido que Victoria quería que yo descubriera. Justo lo que necesitaba en ese momento. Me di cuenta de que, si bien todo el mundo pensaba que *La bohème* trata del drama y de la muerte de Mimì, hay otra cosa que va flotando durante toda la ópera y que también es muy importante. Incluso más importante. Esa ópera iba en realidad sobre cuatro amigos, cuatro jóvenes, cuatro artistas que viven su vida en un sueño. En un ático desastroso del barrio bohemio de Montmartre, los cuatro desean cumplir sus sueños. Los cuatro sueñan con volar y con vivir de su talento. No tienen dinero, pasan frío y hambre, pero siempre son felices. Han decidido ser libres y apostar por su futuro. Tienen toda la vida en sus manos y creen en la inmortalidad. Esto era lo que Victoria quería que yo descubriera. Exactamente esto. Me costó. Pero al final encontré el verdadero sentido de la ópera. Victoria quería que me viera reflejado en el poeta Rodolfo, en el pintor Marcello, en el músico Schaunard y en el filósofo Colline.

La verdadera magia de *La bohème*, lo que realmente nos atrae, es la manera de vivir bohemia de sus personajes. Cuando oímos lo que dice Rodolfo en su aria del primer acto, quedamos cautivados:

> *Chi son? Sono un poeta.*
> *Che cosa faccio? Scrivo.*
> *E come vivo? Vivo.*
> *In povertà mia lieta*
> *scialo da gran signore*
> *rime ed inni d'amore.*
> *Per sogni, per chimere*
> *e per castelli in aria*
> *l'anima ho milionaria.*[11]

---

11. «¿Quién soy? Un poeta. / ¿Qué hago? Escribo. / Y, ¿cómo vivo? Vivo. / En mi alegre pobreza / gasto como un gran señor / rimas e himnos de amor. / De sueños, de quimeras / y de castillos en el aire, / tengo el alma millonaria.»

Oyendo a Rodolfo parece que escuchemos al joven Puccini cantando en su habitación de Milán. Porque... ¿quién no querría ser estudiante eternamente? ¿Quién no querría volver a ser joven, tener la fuerza de los veinte años, ser un poeta, escribir, vivir sin miedo, gastar lo que no tiene, escribir rimas e himnos de amor, soñar quimeras, construir castillos en el aire y tener el alma millonaria? Yo sí. Yo lo quería. La voz de Victoria me había enamorado, la música de Puccini me había cautivado, la *joie de vivre* de esos cuatro bohemios me había seducido y las *Elizabethan love songs* me habían encantado. ¿Qué hacer? La razón me hablaba con la voz de Leopold Mozart y la del rey Príamo: «No te arriesgues. Sé prudente.» Pero el corazón me hablaba con las voces de Rodolfo, Marcello, Schaunard y Colline. Cuatro voces demasiado poderosas como para ignorarlas. Decidí hacer caso omiso a las advertencias. Decidí arriesgarme. Dejar la seguridad de las murallas de Troya y Salzburgo y enfrentarme al mundo haciendo lo que me dictaba el corazón. ¿Qué era lo peor que podía pasarme? ¿Que perdiera? ¿Que me estuviera equivocando? Eso no me pareció un problema porque, como dijo el premio Nobel de literatura George Bernard Shaw, «una vida dedicada a cometer errores no es solo más honorable, sino también más provechosa, que una vida dedicada a no hacer nada».

Años atrás había perdido el primer tren musical de mi vida. Ahora, Victoria me estaba ofreciendo una segunda oportunidad. Un segundo tren. Un viaje alucinante en primera clase con ella como maquinista. Tenía que cogerlo. No podía dejarlo escapar. No podía dejar que saliera de la estación sin subirme. Entonces, con dieciocho años, por primera vez en mi vida hice algo totalmente consciente, con total libertad y con total responsabilidad: descolgué el teléfono y llamé a Victoria. «¿Qué has decidido?», me preguntó. No contesté. Solo le canté *Fain would I change that note...* Victoria rio. Yo también.

Hoy, más de veinte años después de aquel encuentro con Victoria, puedo asegurar que, como dice la canción de Elton John, esa mujer me salvó la vida. No literalmente, claro. Pero, si no la hubiera conocido, todo hubiera sido diferente. Mi vida hubiera sido otra. Y, así, como Claudius vertió veneno en la oreja del padre de Hamlet para asesinarlo, Victoria susurró en la mía el veneno de la música. Me susurró al oído el regalo de la dulce libertad. Me enseñó que la libertad era escoger. Me enseñó que la libertad era, sobre todo, un ejercicio de responsabilidad. Me susurró que yo era una mariposa, y que las mariposas habían nacido para volar alto y muy lejos. Conocerla me descubrió un universo interior que tenía adormecido y que, incluso ahora, mientras escribo estas líneas, es el mío: la música. Ella me hizo creer que podía dedicar mi vida a la música y esa fue la más grande de todas mis fortunas, porque, como dijo Luciano Pavarotti, uno de los mejores Rodolfos de la historia: «Creo que una vida dedicada a la música es una vida bien aprovechada».

SENTIMIENTOS

Feelings,
nothing more than feelings.

Feelings[12]
Louis *Loulou* Gasté
Morris Albert

«No es más que un hombre como los demás. Ahora pisará todos los derechos humanos con su ambición y solo pensará en elevarse por encima de los demás hasta convertirse en un tirano.» Eso es lo que le dijo Beethoven a su alumno Ferdinand Ries cuando se enteró de que Napoleón se había autocoronado emperador. La desilusión de Beethoven fue inmensa. Había dedicado su tercera sinfonía, su obra más innovadora, a aquel hombre que había encarnado los ideales de la Revolución francesa que él tanto admiraba. Libertad, igualdad y fraternidad. Incluso le había dado el título de *Buonaparte* a su sinfonía, pero ahora todo se había desvanecido. Su reacción, como siempre en Beethoven, fue visceral. Algunas versiones aseguran que cogió la primera página del manuscrito de la sinfonía y tachó el título con tanta fuerza que agujereó el papel. Cuando la obra se publicó por primera vez en 1806, el compositor tuvo que buscar otro título: *Sinfonia eroica, composta per festeggiare il sovvenire di un grand'uomo* («Sinfonía heroica, compuesta para celebrar la memoria de un gran hombre»). El título de la obra cambió, pero la obra ya estaba escrita. Las notas eran las mismas.

Esta anécdota nos aclara el carácter temperamental de Beethoven y las circunstancias que le inspiraron a escribir la tercera sin-

---

12. «Sentimientos, / solo sentimientos», *Sentimientos*.

fonía, pero no nos explica nada de su significado. No explica nada de *qué significa* esta música. El hombre que había inspirado a Beethoven ya no existía. Se había convertido en un tirano, pero la música era la misma. Dos títulos diferentes servían igual para ilustrar el mismo contenido musical. Entonces, ¿qué significa esta música? ¿Es necesario saber esta anécdota para comprender la tercera sinfonía de Beethoven? O, aún mejor, ¿qué significa, en general, la música? ¿Tiene un significado o quiere decir algo concreto? Se cuenta que cuando le preguntaron a Beethoven el significado de su tercera sinfonía no dijo nada. Simplemente, se sentó al piano y la tocó.

La transcendencia de la música, que fui descubriendo en las clases de canto que me daba Victoria, tiene mucho que ver con el hecho de intentar dar una respuesta adecuada y sensata a esas preguntas. Aquellas clases junto a su maravilloso Steinway & Sons eran mucho más que unas meras clases de canto. Aquellas clases se convertían en larguísimas conversaciones que duraban toda la tarde y en las que Victoria me regalaba experiencias musicales impagables. Tardes en las que hablábamos del porqué de la música. También de su posible significado concreto. Hablábamos de cómo los mismos compositores, que en teoría deberían saber bastante de la cuestión, no se acababan de poner de acuerdo. El caso más curioso es el del gran compositor estadounidense Aaron Copland. Cuando le preguntaron si la música tenía significado contestó: «Yo diría que sí.» Pero cuando le preguntaron si podía aclarar cuál era este significado, repuso: «No. Ese es el problema».

Mi admirado Leonard Bernstein, sin duda el pedagogo musical más importante y brillante del siglo xx, también trató de dar una respuesta a esta pregunta. Su conclusión final fue bastante sorprendente: la música no significa nada en sí misma. Solo son notas. Solo son sonidos. Ahora bien, sonidos que provocan sentimientos. También el director de orquesta italiano Riccardo Muti comparte esta opinión. Para él, la música no tiene significado propio, la música *solo* es evocadora de sentimientos y de imágenes.

Esta aparente falta de significado concreto es, curiosamente, lo que hace que la música se convierta en algo transcendental y universal. En filosofía, la trascendencia es aquello que está más allá de los límites naturales. Rousseau, Kant o Hegel afirmaron que la música no tiene tema propiamente: no trata de nada. Para ellos, la música es y punto. Ahora bien, sin ahondamos en el sentimiento filosófico de la trascendencia, nos daremos cuenta de que todos podemos sobrepasar nuestros límites naturales sintiendo e imaginando y que, por lo tanto, todos tenemos la capacidad de comprender la música. La universalidad de la música no se debe a que su lenguaje sea el mismo para todos. No se debe a que una corchea sea y se escriba igual aquí o en la otra punta del mundo. No. La universalidad y la transcendencia de la música se deben a que habla a todo el mundo. La música habla sin hacer distinciones. La música abraza a todos. Todos podemos entenderla. A la música no le importa quién somos, de dónde venimos ni a dónde vamos. A la música le es indiferente nuestro nivel de formación, nuestra procedencia o raza, nuestra orientación sexual, nuestro estatus social o económico. Nada de todo esto tiene importancia para la música. Ella le habla a todo aquel que quiera escucharla. Cuando suena, las notas que oímos son las mismas para todo el mundo, pero su significado, lo que recibimos, lo que sentimos, lo que cada uno de nosotros entiende, es diferente. Esta es su trascendencia. Esta es su magia.

El significado semántico de la música es una cuestión que ha llevado, lleva y seguirá llevando (me temo) a todo el mundo de cabeza. Tal vez la mejor manera de acercarse a este problema y tratar de aclararlo sea haciendo un paralelismo con el análisis del lenguaje.

El primer nivel es el análisis morfológico. El lenguaje divide las palabras en artículos, nombres, verbos, adverbios, etc. La música hace lo mismo. Divide sus notas en blancas, negras, corcheas, etc. Hasta aquí, ningún problema.

El segundo nivel es el análisis sintáctico. El lenguaje estructura las oraciones con un sujeto, un verbo, un predicado y sus complementos correspondientes. La música también hace lo mismo. Las frases musicales están compuestas por notas que cumplen, de alguna manera, todas esas funciones. Hasta aquí, tampoco hay ningún problema.

El tercer nivel es el análisis semántico. Y es aquí donde empiezan los problemas porque, llegados a este punto, el lenguaje parece, en principio, mucho más concreto que la música. Para averiguar si es así, pongamos un ejemplo. Tomemos un sujeto literario y otro musical, que todo el mundo pueda conocer; por un lado, el don Quijote de Cervantes; por el otro, *Don Quijote*, compuesto por Richard Strauss. Después de leer un capítulo del *Quijote* de Cervantes todos tenemos claro lo que ha ocurrido y todos hemos comprendido el sentido y el significado del texto. Es decir, si nos pidieran que explicáramos el argumento de lo que acabamos de leer, todos diríamos prácticamente lo mismo. Pero... ¿y la música? ¿Qué pasaría si después de escuchar el *Don Quijote* de Strauss nos pidieran que explicáramos el argumento o el significado de lo que acabamos de escuchar? ¿Todos diríamos lo mismo? Seguramente, no. Lo más probable es que cada uno explicara algo distinto, porque todos habríamos escuchado algo diferente. La música nos hubiera provocado a cada uno de nosotros unas emociones, unos sentimientos y unas imágenes diferentes. Evocaciones a la carta para cada oyente. Por eso, muchas veces cuando estamos escuchando música, de repente nos sorprendemos a nosotros mismos pensando en otra cosa. ¿Por qué? Pues porque la música nos ha evocado un pensamiento, una imagen o un sentimiento que nos ha transportado a otro lugar. A un lugar único, personal e intransferible. Está claro que la intención del compositor era explicarnos con música unos hechos concretos que le ocurren a don Quijote. Pero, al final, cada oyente creará su propio universo personal de sentimientos e imágenes a partir de las mismas notas. Cada oyente creará su propia historia y cada una de estas historias será tan válida para disfrutar de la música como cualquier otra. Esto es así porque, como dice Bernstein, la historia que intenta explicar la música es un significado externo o extra a la propia música. El verdadero sentido o significado musical, aquel que le es propio, son las emociones, los sentimientos o las imágenes que nos provoca. Tal vez por esto Gustav Mahler decía que «si un compositor pudiera decir con palabras lo que trata de explicar con su música, no se molestaría en componerla».

La búsqueda del significado musical es una cuestión que comenzó precisamente con Beethoven. Fue él quien personificó y fomentó los valores del romanticismo: emotividad, introspección, autoexpresión, originalidad, ocultismo, sacralización y, sobre todo, el culto al genio expresado por él mismo con esta frase lapidaria: «Hay y habrá mil príncipes, pero solo hay un Beethoven.» El romanticismo irrumpió musicalmente a principios del siglo XIX y a partir de ese momento se comprendió que la música ya no era solo un hecho expresivo, sino algo más: la música se había convertido en un hecho narrativo en el que el compositor nos explica sus experiencias vitales. Pensar en estos hubiera sido imposible en los tiempos de Bach, Telemann, Händel, Haydn o incluso Mozart. Pero a partir de Beethoven, la música *trató* de algo. Una percepción que aún sigue vigente en la actualidad. Pero el problema de creer que el compositor tiene algo concreto que explicarnos en sus obras es que, como hemos visto, cada persona entiende una cosa diferente. Cada persona puede encontrar un mensaje distinto en la misma música.

Richard Wagner, paradigma del romanticismo germánico y auténtico experto en la obra de Beethoven, acabó de remachar el clavo. Con él, las lecturas imaginativas y la interpretación de significados concretos de las obras musicales llegaron a su máximo exponente. Wagner era capaz de coger un fragmento de la *Eroica* y explicar significados tan concretos como que lo que estaba sonando en un determinado compás era un hombre apuesto, alegre y lleno de salud, que miraba con júbilo los campos mientras hacía sonar su cuerno de caza desde las cimas arboladas de las montañas.

Esta postura de Wagner abrió la veda a todo tipo de interpretaciones delirantes sobre el significado narrativo de la música. Veamos algunos ejemplos:

- El trino de la mano izquierda al principio del primer movimiento de la sonata para piano núm. 21 de Franz Schubert significa la marginalidad homosexual de su compositor.
- La décima sinfonía de Shostakóvich plantea el tránsito de la oscuridad a la luz con la esperanza como tema de fondo. Pero, ¡atención! En realidad, ¡la esperanza no es sino desesperanza!
- La cuarta sinfonía de Chaikovski trata sobre un homosexual incomprendido por su familia y atrapado en una relación no deseada con una mujer.

Los ejemplos de este tipo de interpretaciones sobre el significado de la música son infinitos. Pero, a pesar de la evidente subjetividad de estas interpretaciones, he descubierto una cosa sorprendente: a la gente le gustan. Le encantan. De alguna manera, las personas necesitamos que la música explique algo. El público en general se consuela y se encuentra más cómodo con la idea de que la música *explica* una historia. Está claro que Chaikovski era homosexual, que su padre no le comprendió nunca y que cuando compuso su cuarta sinfonía se encontraba atrapado en un matrimonio tormentoso. Pero, ¿qué ocurre si desconocemos estos problemas del compositor y cuando escuchamos su cuarta sinfonía no sentimos estas cosas, sino otras? ¿Qué ocurre si los sentimientos que nos provoca son otros o si las imágenes que nos invaden mientras la escuchamos son otras? ¿Quiere decir que no hemos entendido la sinfonía? Yo creo que no. La transcendencia de la música consiste precisamente en el hecho de que cualquier sentimiento que nos provoque, sea el que sea, siempre es el correcto. Me parece que nadie tiene la potestad de aleccionar a nadie sobre cuál es el sentimiento que debemos sentir escuchando un determinado fragmento de música. Nadie. Todos los sentimientos son válidos. Y todos lo son porque, por suerte, cada uno de nosotros somos diferentes.

Conocer las intenciones narrativas del compositor tiene, naturalmente, un valor y puede ayudar a escuchar con una intención más adecuada. Pero creer que el conocimiento de estas intenciones es la clave para comprender la obra es totalmente erróneo. Chaikovski puede haber tenido la intención de dotar a su cuarta sinfonía de una estructura narrativa determinada. El problema es que, si no conocemos estas intenciones a priori, no podemos deducirlas exclusivamente de la música. Por esto me gusta defender la idea de aproximarse a la música de una manera totalmente naíf. Sin conocimientos ni explicaciones previas. Me parece mucho mejor y también una forma mucho más democrática. Aproximarse a la música sin prejuicios. Creo que la primera vez que nos aproximamos a una música nueva tiene que ser desde la inocencia, y dejándonos seducir e invadir por las emociones. Sin coraza. Sin red. Sin miedos. Si no lo hacemos así, muchas veces nos engañamos a nosotros mismos y solo nos tomamos *seriamente* las músicas según los compositores. En este sentido es muy revelador comprobar los resultados de algunos experimentos que hacía Franz Liszt en sus conciertos pianísticos. En una ocasión, en un recital en París cambió el orden del programa sin avisar al público e intercambió el orden de dos piezas. Una de Beethoven y otra de Pixis, compositor alemán totalmente olvidado hoy en día. Cuando Liszt tocó la pieza de Beethoven, todos pensaron que era de Pixis y se mostraron totalmente indiferentes. Al tocar la de Pixis, que los oyentes pensaban que era de Beethoven reaccionaron con un gran entusiasmo. En otra ocasión, el mismo Liszt explicaba que cuando era un niño prodigio presentó al público una obra propia. La reacción de la audiencia fue de proteccionismo paternal. Cuando, años más tarde, la volvió a presentar diciendo que era obra de Carl Czerny, un compositor fundamental pero poco conocido, el público reaccionó con indiferencia. Tiempo después presentó la obra por tercera vez. En esta ocasión, la anunció diciendo que era de Beethoven. Como no podía ser de otra forma, a todos les pareció maravillosa.

Victoria siempre me explicaba que el intérprete tiene la obligación de encontrarle *un significado* a la música para transmitirlo al público. Está claro que para un cantante es más fácil que para un instrumentista. El significado de la música se hace patente mediante las palabras. Pero ella decía que para convertirse en un cantante de verdad, antes de cantar con palabras tenía que hacerse sin ellas. Posiblemente, por eso me tuvo casi un año entero sin dejarme cantar ni una canción ni un aria. Todo ese primer año con ella me lo pasé practicando un método de aprendizaje de canto llamado *ABT Practical singing tutor for baritone or bass*. En todo el libro no hay ni una palabra para cantar. Todos los ejercicios son sin palabras. Incluso las preciosas melodías para vocalizar que hay en la última parte del método son sin palabras. Victoria me hacía cantar todas aquellas melodías con diferentes vocales. Primero con la A, después con la E, después con la... Quería que encontrara y explicara un significado en cada melodía a través de cada una de las vocales. Me insistía mucho en que la misma melodía no puede tener el mismo significado con la I que con la U. Hay una emoción diferente para cada vocal. Cuando le contestaba que era imposible transmitir un sentimiento cantando toda una melodía con una única vocal, ella respondía con una frase que no olvidaré nunca: «¿Tú qué quieres ser, un cantante o un músico?» Con ella aprendí muchas cosas, pero seguramente una de las más importantes de todas es que para ser un buen cantante, primero hay que ser un buen músico, y que, para ser un buen músico, es necesario tener la capacidad de emocionar con sentimientos.

Finalmente, después de un año, cuando Victoria consideró que había comprendido que la transcendencia y el significado de la música no se encontraban en su contenido narrativo sino en los sentimientos que provocaba, empezó a dejarme cantar algunas canciones. Las de otro método de canto: *Metodo pratico di canto italiano per camera in 15 lezioni di Nicola Vaccai* (*Método práctico de canto italiano de cámara en 15 lecciones de Nicola Vaccai*). Dentro de cada una de estas, en apariencia, minúsculas canciones (*ariette*), que en realidad no eran más que ejercicios de impostación vocal, pasábamos horas buscando todo un universo de sentidos. El texto de la primera canción/ejercicio que me dejó cantar decía lo siguiente:

Manca sollecita
più dell'usato,
ancorché s'agiti
con lieve fiato,
face che palpita
presso al morir.

Seguramente muchos estudiantes de canto habrán practicado esta canción, que sirve para ejercitar la escala musical sin saber exactamente qué quiere decir el texto. Tal vez incluso algunos la habrán cantado de manera mecánica buscando solo la correcta impostación de las notas musicales y dejando de lado el texto. Pero con Victoria esto era imposible. Para ella, el porqué del texto era imprescindible para poder dar el sentimiento adecuado a la música. Así descubrí que el texto pertenecía al drama *Demetrio* de Pietro Metastasio. Concretamente, al momento del segundo acto en el que la reina Cleonice se ve obligada, por razones de estado, a renunciar a su amor por el guerrero Alceste, a quien todo el mundo da por supuesto su origen humilde. El texto es una metáfora de esta situación y se podría traducir más o menos de esta forma:

La luz de la antorcha
palpita antes de extinguirse,
y se apaga más rápidamente
de lo que es normal,
a pesar de que el viento
aún le da vida.

Este típico texto metafórico prerromántico puede que parezca pasado de moda para muchos de los que viven en este siglo XXI que va tan rápido. Pero, esté pasado de moda o no, Victoria me lo hizo cantar miles de veces. Me hacía buscar una y otra vez interpretaciones, interpretaciones y más interpretaciones. «¡Busca sentimientos! —me decía—. ¡Muéstrame los sentimientos! ¡La música son senti-

61

mientos!» Y yo los buscaba y los buscaba, pero muchas veces no los encontraba. No hace mucho, al grabar el programa de *Òpera en texans* (*'Ópera en tejanos'*)[13] dedicado a *La flauta mágica* de Mozart que grabamos en la plaza que hay delante de la Escuela de Música Victòria dels Àngels en Sant Cugat del Vallés, tuve la oportunidad de volver a tocar el piano de Victoria. Ese Steinway & Sons que estaba en el salón de su casa y que nos acompañaba cuando dábamos clase, ahora se encuentra en una de las aulas de la escuela de música que lleva su nombre. Mientras el equipo de rodaje comía, aproveché para volver a tocarlo. Quité la funda con todo el cuidado que pude, lo abrí, me senté y puse las manos sobre el teclado. Estuve tocando durante un poco más de una hora. Toqué algún fragmento de *La flauta mágica* y después saqué algunas de las partituras de Beethoven que siempre llevo conmigo. La sonata *Patética* y el segundo movimiento de la tercera sinfonía: la *Eroica.* Aquella a la que Beethoven tuvo que cambiar el nombre. Habían pasado muchos años desde la última vez que tocara ese piano, pero nada había cambiado. Ese magnífico instrumento seguía sonando maravillosamente. Toqué, lloré, recordé y, sobre todo, sentí. Sentí sentimientos. Solo sentimientos. Solo música.

---

13. Programa dedicado a la ópera presentado por Ramon Gener con gran éxito durante tres temporadas en TV3. Es el antecedente del programa *This is opera*, emitido por TVE. *(N. del E.)*

AMISTAD

Ara sé d'un company que mai no enganya,
que quan m'ompli de goig cantarà amb mi, amb mi;
ja tinc un amic fidel, pobra guitarra:
canta quan canto jo i plora sempre amb mi.[14]

Una guitarra
JOAN MANUEL SERRAT

Una chica de quince años y su hermano de ocho viajan en un tren hacia el campo de concentración de Auschwitz. Solos y sin saber nada de sus padres, se encuentran hacinados dentro de un vagón lleno de deportados hacia un destino oscuro. Ella baja la mirada y ve que su hermano pequeño está descalzo. Enfadada, grita y lo riñe: «Pero ¿qué demonios has hecho con los zapatos? ¡Eres un bobo! ¿Es que no sabes cuidar de tus cosas?» El niño se asusta y llora. Cuando llegan al campo de concentración, los soldados nazis los separan. Por desgracia, estas son las últimas palabras que le dirige a su hermano. Nunca volverá a verlo. Años después, cuando liberan el campo, ella lo busca desesperadamente entre los supervivientes. No lo encuentra. No ha logrado sobrevivir. Desesperada por los remordimientos que le provocan sus últimas palabras, se hace una promesa: «Nunca más le diré nada a nadie que pueda quedar como la última cosa que he dicho».

Exactamente igual que esa chica de quince años, yo había maltratado y le había dirigido al piano unas palabras horribles pensan-

---

14. «Ahora conozco a un compañero que nunca me engaña, / que cuando me llene de gozo cantará conmigo, conmigo; / ya tengo un amigo fiel, pobre guitarra: / canta cuando canto yo y siempre llora conmigo.»

do que serían las últimas. Pensando que nunca más debería tratar con él. Nos habíamos soportado durante unos años, pero el día que dejé el conservatorio me alegré y me burlé delante de él. En aquel momento, seguro de mi victoria, me sentía ufano y superior. La relación que había tenido con el piano hasta aquel momento era más o menos la misma que la que habían tenido Händel y el gran castrato Senesino: no se soportaban, pero durante unos cuantos años tuvieron que convivir. Händel contrató a Senesino para la nueva compañía de ópera de Londres: la Royal Academy. La ópera causaba furor en la capital británica y un grupo de nobles, bajo el paraguas del rey George I, llevó a cabo la iniciativa para formar una compañía que dirigiría Händel y en la que se interpretarían obras del mismo compositor. Estos nobles británicos, que querían disfrutar del espectáculo de moda, le encargaron a Händel que viajara al extranjero y contratara a las mejores voces para la primera temporada de la compañía. Pero una voz era especialmente imperativa para ellos, la del gran pero temperamental Senesino. El encargo decía lo siguiente:

Instrucciones para Mr. Händel:

- Mr. Händel, por sí mismo o por correspondencia, como mejor lo considere, buscará voces apropiadas para cantar ópera.
- Mr. Händel tiene poderes para contratar en nombre de los promotores las voces para cantar en la ópera durante un año. No más.
- Mr. Händel tendrá que contratar a Senesino lo antes posible para servir en la compañía durante todos los años que sea posible.
- En el caso de que Mr. Händel encuentre una voz excelente y de primera categoría, tendrá que informar al administrador de la compañía para discutir las condiciones de contratación.

Händel viajó a Dresde y contrató, entre otros, al tan anhelado Senesino, que en aquel momento se encontraba cantando en la capital de

Sajonia. Gracias a la energía que Händel puso en la empresa durante los siguientes ocho años, la compañía, a pesar de que económicamente era desastrosa, fue un éxito artístico absoluto. La actividad era frenética y se tuvo que contratar a dos compositores más, Bononcini y Ariosti, para poder proporcionar al público todas las óperas que pedía. Durante todos los años que duró la compañía, que representaba sus óperas en el King's Theatre, Senesino fue la estrella masculina del grupo. Era eso que los italianos llaman *il primo uomo*. Llegó a cobrar hasta dos mil libras anuales. Una suma enorme. Senesino, a quien llamaban así porque era natural de Siena, tenía una voz de contralto poderosa, clara, suave, con una afinación perfecta y unos trinos espectaculares. Según los testimonios de la época, su manera de cantar era magistral y su declamación no tenía rival. Es cierto que no era un buen actor, que se quedaba como una estatua mientras cantaba y que ocasionalmente hacía un gesto esporádico, pero su canto era tan hipnotizante que tenía cautivada a toda la ciudad de Londres. Tanto Händel como Bononcini y Ariosti, componían sus papeles principales pensando en él, y cada una de sus actuaciones se convertía en un éxito apoteósico. Pero las relaciones entre el castrato y Händel eran tormentosas. El ego de Senesino chocaba con la gran personalidad de Händel. Un hombre que no se acobardaba fácilmente ante las exigencias de los cantantes y que se enfrentaba a ellos sin miedo. Famosa es la frase que dirigió a la gran Cuzzoni (la *prima dona* de la compañía) mientras la amenazaba con tirarla por la ventana: «Señora, sé muy bien que usted es un diablo, pero sepa que yo soy Belcebú, ¡el jefe de todos los diablos!» De este modo, con estos dos temperamentos tan fuertes, Händel y Senesino se soportaron como pudieron mientras la compañía iba bien. Pero cuando, por razones económicas, la compañía desapareció, Senesino volvió a Italia, lejos, muy lejos de Händel.

Parecía que las tensiones entre estos dos hombres llegaban a su fin pero, por el contrario, solo se había acabado el primer *round*. Los nobles ingleses no estaban dispuestos a quedarse sin ópera y le encargaron a Händel que formara una nueva compañía: la Second

Royal Academy. De nuevo enviaron a Händel a la Europa continental para fichar a las mejores voces. El nuevo objeto de deseo de la nobleza inglesa era Farinelli. Pero Händel no logró contratarlo y se tuvo que conformar con otro castrato: Bernachi. La Second Royal Academy se puso en marcha pero Bernachi no estaba a la altura y todo el mundo echaba de menos a Senesino. Händel tuvo que tragarse el orgullo y contratar de nuevo a Senesino que, aprovechándose de la situación, obtuvo un gran beneficio económico. Las exigencias económicas de Senesino y otros factores (que ahora no vienen a cuento) desestabilizaron la nueva compañía y agravaron aún más las deterioradas relaciones entre el compositor y el castrato. Cansado de Händel, Senesino se alió con los partidarios del príncipe de Gales y fundó su propia compañía: la Opera of the Nobility, que todos conocían como la ópera de Senesino. Para su nueva compañía, Senesino logró fichar a nuevos compositores de renombre, como el italiano Nicola Porpora, pero sobre todo le dio el golpe de gracia definitivo a Händel cuando logró fichar al gran Farinelli.

La rivalidad entre la compañía de Händel y la de Senesino fue feroz. El desencuentro entre las dos personalidades era tan grande que una de las máximas de la compañía de Senesino rezaba: *Point d'accommodement à jamais avec le M. Händel* (Nunca y de ninguna manera estar de acuerdo con el señor Händel).

¿Por qué estos dos grandes hombres nunca lograron ponerse de acuerdo? ¿Por qué nunca se soportaron? ¿No hubiera sido más inteligente por parte de los dos ceder un poco y aprovechar las sinergias de sus grandes talentos para llegar más lejos? ¿No hubiera sido más sencillo aprender a ser buenos amigos? No. Fue imposible. Händel y Senesino no se perdonaron, no volvieron a trabajar juntos nunca más y supongo que, aunque no está documentado, no se volvieron a dirigir la palabra. Una pena. Si hubieran podido reconciliarse... Pero, ¿cómo hacerlo? Como afirma el dicho, la vida da muchas vueltas y nunca sabes con qué te vas a encontrar. Exactamente esto es lo que me había pasado a mí. De repente me encontraba de nuevo en el tren de la música y si quería ser cantante tenía que retomar todos los estudios musicales. Eso significaba solfeo, armonía, pero sobre todo quería decir piano. Pero... ¿cómo dirigirme de nuevo a él después de todo lo que le había dicho? ¿Llegaríamos a reconciliarnos? ¿Me aceptaría? ¿Me perdonaría?

Revolviendo los libros que se amontonaban en los estantes de la sala encontré mis primeros libros de piano. Esos que un día había abandonado. Esos antiguos libros verdes característicos de la Edición Ibérica de la editorial Boileau de Barcelona. Todos los libros con los que empecé cuando tenía seis años: la escuela preliminar para niños de Ferdinand Beyer, las cincuenta piezas melódicas para niños de Wohlfahrt, el ABC del piano de Le Coupey, el álbum para Ana de Magdalena Bach y, naturalmente, todos los estudios y ejercicios de Czerny.

Carl Czerny, la pesadilla de todos los estudiantes de piano, es un compositor importante pero desconocido para la gran mayoría del público. Fue un niño prodigio, igual que Mozart. Con tres años ya tocaba el piano y con siete interpretaba sus primeras composiciones. Su primer concierto público lo dio con nueve años y tocó el concierto para piano y orquesta número 24 de Mozart. Estudió con Salieri y Clementi, aunque su maestro principal fue el gran Beethoven, que lo aceptó como alumno después de quedar maravillado con sus habilidades al teclado. Después de tres años de estudio y clases, se convirtió en su asistente. Beethoven confiaba tanto en él que le encomendó la educación musical de su sobrino Karl, el estreno del concierto para piano número 1, el del número 5, *Emperador*, y la reducción para piano de *Fidelio*, la única ópera que escribió el genio de Bonn. La memoria musical de Czerny era tan detallada que podía tocar sin partitura todas las obras para piano de su maestro. Con solo quince años empezó una exitosa carrera como profesor de piano. Tenía tantos alumnos que impartía hasta doce lecciones diarias, de ocho de la mañana a ocho de la noche, cobrando unos honorarios generosos. Tuvo alumnos muy destacados, pero de entre todos ellos emerge la figura majestuosa de Franz Liszt. A Czerny no le gustaba especialmente dar conciertos. Se ponía muy nervioso y por eso volcó toda su pasión en la enseñanza. Sus obras eran, y todavía son, motivo de debate. Robert Schumann, por ejemplo, detestaba su música, mientras que Brahms o Stravinski la apreciaban sinceramente. Pero si hay algo que no admite discusión y por lo cual se le recuerda es por el valor de sus estudios y ejercicios para piano que cualquier estudiante, en todos los rincones del mundo, conoce.

De pequeño había odiado a Czerny con todas mis fuerzas. Si me lo hubieran permitido, habría quemado todos sus estudios y ejercicios que sirven para desarrollar la técnica del piano: el *legato*, el *staccato*, la articulación, la velocidad... Pero, como por arte de magia, ahora volvía a tenerlos en mis manos. Como si no hubiera pasado ni un solo día, sobre las notas aún se podía leer la digitación, las anotaciones y las correcciones que mis antiguos profesores del conservatorio habían escrito con lápiz. Cuando me senté sobre la banqueta y abrí la tapa del piano, un viejo Petrof vertical, le pedí perdón. Intenté reconciliarme con él. Traté de hacer aquello que Händel y Senesino deberían haber hecho y no supieron hacer. Le dije que si me perdonaba y nos reconciliábamos, podríamos ser buenos amigos y juntos llegaríamos lejos. Humildemente, le prometí que sería un buen chico. Le prometí ser bueno y que nunca más me burlaría de él. Aun así, me asustaba cuál podría ser su reacción.

Otro de los libros indispensables cuando uno comienza o (en mi caso) recomienza a estudiar piano es el álbum para la juventud de Robert Schumann. Un conjunto de cuarenta y tres piezas cortas que Schumann dedicó a sus hijas y que está pensado para que los jóvenes pianistas empiecen a sentir el placer de tocar el piano descubriendo sus sonoridades románticas. Schumann, encarnación perfecta del hombre romántico depresivo, inestable e inseguro, quiso, desde que a los nueve años escuchara al gran pianista Ignaz Moscheles, ser un virtuoso del piano. Cuando años más tarde asistió a un concierto del violinista Niccolò Paganini se quedó fascinado con la velocidad diabólica de sus manos y afirmó: «Yo seré el Paganini del piano.» Quería tener las manos más rápidas que nunca hubieran existido sobre un teclado y, para lograrlo, ensayaba obsesivamente horas y horas hasta que el exceso de ejercicio le atrofió la mano derecha y lo apartó definitivamente de la carrera pianística. La literatura sobre Schumann contiene muchas fuentes que tratan de explicar las causas de la lesión de su mano derecha a principios de 1830. Muchas de estas fuentes son detalladas, pero muchas veces aparecen informaciones contradictorias que hacen difícil aclarar realmente qué es lo que ocurrió. Curiosamente, la versión más admitida y popular es la que tiene menos pruebas documentales. Solo el testimonio de su maestro, Friedrich Wieck, en un libro publicado en 1853. Sin embargo, se trata de la versión más interesante y novelesca y, quizá por eso, es la que finalmente ha acabado impregnando el imaginario popular. Según esta versión, el joven Schumann, para intentar aumentar la agilidad y la independencia de los dedos corazón, anular y meñique de la mano derecha utilizaba un aparato mecánico a base de pesos y contrapesos, que, en teoría, tenía que ayudarle a conseguir su objetivo. El dedo anular es una de las grandes obsesiones de todos los pianistas ya que fisiológicamente está unido a los dedos corazón y meñique, y por eso su articulación es poco independiente y siempre va ligada a los otros dedos. De este modo, es imposible levantar y articular el anular sin que también se levanten sus vecinos. No está claro si este aparato, que supuestamente usaba Schumann, era un invento del mismo compositor como asegura su maestro o si, por el contrario, utilizó cualquiera de los diferentes aparatos que ya existían en su época, como el famoso Dactylion inventado por el fabricante de pianos Henri Herz en 1836. Un curioso invento en el que el pianista debía meter los dedos dentro de unas volanderas que ofrecían una resistencia al tocar para fortalecer la musculatura de los dedos.

Sea como sea, y utilizara el aparato que utilizara (si es que alguna vez utilizó alguno), la mano derecha de Schumann quedó inútil para la práctica del piano.

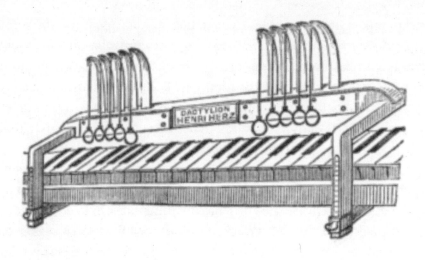

Más allá de la anécdota curiosa, hay, desde mi punto de vista, una moralina en esta historia que siempre me ha llamado la atención: ¿cuál fue la relación entre el piano y Schumann? Yo diría que no fue una relación franca ni de igual a igual. Schumann, en su obsesión enfermiza por ser el mejor, abusó del piano. Quería más, siempre más, siempre más. Le pidió lo imposible. Lo convirtió en un laboratorio de experimentos para conseguir un ideal de perfección inalcanzable. Envenenó su relación con el piano por culpa de una obsesión. Quería subyugarlo a una relación de poder desigual. Es decir, hizo exactamente lo contrario que se espera de un amigo: despreciarlo y utilizarlo. Por eso, siempre he pensado que el piano, cansado finalmente de sus abusos, decidió negarle su amistad y expulsarlo de su mundo, al menos, como pianista.

El piano había expulsado a Schumann y yo había expulsado al piano. Pero ahora, de nuevo con las partituras de Czerny y Schumann en las manos, me arrepentí y pensé en todo el tiempo que había perdido. Quizá por eso, durante aquellos días, recuperé mi afición por la lectura. Empecé a devorar todo tipo de libros que encontraba por casa como si, de alguna manera, tuviera que recuperar en dos días todos los años perdidos. La ciencia ficción siempre me ha encantado y uno de los libros que más me fascinó fue *The time machine* (*La máquina del tiempo*), del escritor inglés Herbert

George Wells. Una novela que se editó por primera vez en 1895 y que explica cómo un científico (sin nombre) descubre una cuarta dimensión que le permite viajar físicamente en el tiempo. Deseoso de saber cómo sería el futuro, viaja hasta el año 802702 donde espera encontrar una humanidad viviendo en total plenitud. Lejos de esto, lo que encuentra es una sociedad decadente. El libro, muy en la línea de la película *Metrópolis* de Fritz Lang, del año 1926, es sobre todo una crítica a la degeneración de la relación entre los hombres debida, según el autor, a la industrialización salvaje. Leí el libro sentado, como siempre hacía y sigo haciendo, al lado del piano. Por un momento, mientras leía, me pregunté: «¿Qué es un piano?» Un instrumento, claro. Pero, en realidad, es mucho más que eso. Un piano es una máquina del tiempo. Una que tal vez no permita viajar físicamente en el tiempo pero que es mejor que cualquier agencia de viajes. ¿Para qué devanarse los sesos como Wells, imaginando una cuarta dimensión para viajar en el tiempo, si frente a mí tenía un piano que me ofrecía unas posibilidades casi ilimitadas?

Uno de los viajes más alucinantes que hago a menudo es a la Florencia del Renacimiento. He ido miles de veces y nunca me canso. Para ir, solo tengo que tocar alguna pieza de Josquin Des Prés, Orlando di Lasso o Palestrina. ¿Cuántas veces he sorprendido a Michelangelo, Verrocchio o Donatello mirando las aguas del Arno desde el Ponte Vecchio? La Viena imperial del siglo XVIII de Mozart, a la que se llega tocando cualquiera de sus sonatas, es también un viaje indispensable. También lo es trasladarse hasta la Roma de 1816 para asistir al estreno más desastroso de la historia de la ópera. El estreno de *Il barbiere di Siviglia* de Rossini. Tocar la famosa aria de Fígaro y ser testigo de todo lo que ocurrió ese día, no tiene precio. Pero, sin duda, uno de mis viajes preferidos es patinar sobre el río Neva helado en tiempos del zar Alejandro II mientras interpreto el *Romance en Fa menor* de Chaikovski.

¿Y cruzar el Atlántico? ¿Por qué no? Es fácil e inmediato. Con una bossa nova de Tom Jobim te encuentras de repente tomando el sol en la playa de Ipanema. Con un tango de Astor Piazzola te trasladas al Buenos Aires de verdad, y tocando (o, mejor dicho, intentando tocar) la *Rhapsody in Blue* de Gershwin te encuentras de repente atareado en el tráfico de Manhattan. Corriendo arriba y abajo por las calles de Nueva York siempre acabo llegando a la Zona Cero. Es como si aquel lugar tuviera un imán y me atrapara. No sé por qué, pero siempre acabo yendo. No puedo hacer nada al respecto. Lo más curioso del caso es que cuando estoy en aquel lugar me siento reconfortado y, aunque hace tiempo que dejé de ser creyente, al final siempre acabo rezando una oración. En el lugar donde se alzaban las Torres Gemelas, ahora se yergue el majestuoso One World Trade Center, también conocido como la Torre de la Libertad. Al lado se encuentra el 9/11 Memorial. Un lugar para recordar y honrar a las 2.996 personas que perdieron la vida y también a las que resultaron heridas en aquellos ataques terroristas. Un lugar repleto de historias sobrecogedoras por su brutalidad, heroísmo, humanidad y valentía. He leído y me he interesado por muchas de estas historias y casi todas me han enseñado un buen puñado de cosas. Pero, entre todas, hay una ejemplar que siempre me invita a la reflexión. Pocos días después de los atentados, Phyllis y Orlando Rodríguez escribieron dos cartas con el título *No en el nombre de mi hijo* que dirigieron al presidente de Estados Unidos de América, George W. Bush y a *The New York Times* en los siguientes términos:

Estimado señor presidente Bush,

Nuestro hijo es una de las víctimas del atentado del martes pasado al World Trade Center. Los últimos días hemos estado atentos a sus intervenciones, así como a las resoluciones gubernamentales que le han concedido un poder ilimitado para responder a los ataques terroristas. Su respuesta a los ataques no nos hace sentir mejor en lo que respecta a la muerte de nuestro hijo. Nos hace sentir peor, como si el gobierno estuviera utilizando su recuerdo para hacer sufrir a familias de otros países. No es la primera vez que una persona con el mismo cargo recibe un poder ilimitado y, posteriormente, hemos tenido que lamentarlo. Ahora no es momento de palabras vacías para hacernos sentir mejor; no es el momento de actuar como maltratadores. Le pedimos que reconsidere nuevas vías de paz para combatir racionalmente el terrorismo y que piense soluciones que no nos pongan al mismo nivel que estos terroristas inhumanos.

Atentamente,

PHYLLIS y ORLANDO RODRÍGUEZ

Copia de la carta a *The New York Times*:

Nuestro hijo Greg es uno de los muchos desaparecidos en el World Trade Center. Desde que oímos las noticas hemos compartido momentos de dolor, de consuelo, de esperanza, de desesperación, de buenos recuerdos con su mujer, con las dos familias, con amigos y vecinos, con sus encantadores colegas de Cantor Fitzgerald / Espeed y con todas las familias afligidas que se reúnen diariamente en el hotel Pierre. Vemos reflejados nuestro dolor y nuestra rabia en todos. No podemos prestar atención al flujo constante de reacciones a esta tragedia. Pero ya hemos leído suficiente como para ver que nuestro gobierno quiere responder con una venganza violenta, con la posibilidad de que hijos e hijas, padres y amigos de otros países mueran y sufran, y a los que alimentaremos con más odio. No es la manera. Esto no vengará la muerte de nuestro hijo, no en su nombre. Él murió víctima de una ideología inhumana. Nuestras acciones no deberían tener la misma finalidad. Lloramos, reflexionamos, rezamos, pensamos en una solución que traiga la paz y la justicia al mundo, pero no queremos contribuir a que nuestra nación se sume a la inhumanidad de nuestros tiempos.

Un par de semanas después del envío y la publicación de estas cartas, el ciudadano francés Zacarias Moussaoui fue acusado de seis cargos de conspiración terrorista en relación con los ataques a las Torres Gemelas y al Pentágono. El gobierno de Estados Unidos pidió la pena de muerte para él. Phyllis y Orlando Rodríguez alzaron su voz contra esta petición e, intentando encontrar algún tipo de consuelo, se pusieron en contacto con familias de otras víctimas mediante un grupo de defensa de los derechos humanos. Después de la acusación de Zacarias, su madre, Aicha el-Wafi, apareció en los medios de comunicación. Se trataba de una mujer a la que habían obligado a casarse en Marruecos cuando solo tenía catorce años con un hombre al que no conocía y que la maltrataba. Con quince años perdió a un hijo y con dieciséis, a otro. Por razones económicas, emigró a Francia. Allí nació Zacarias y, después de muchas penurias, Aicha logró dejar a su marido cuando los cuatro hijos que tenía aún eran pequeños. A fuerza de fregar escaleras, alimentó y educó a sus hijos de la mejor forma que pudo en los arrabales marginales de Narbona. Aicha quiso compartir públicamente su vida de sufrimiento para hacer algo positivo e inspirar a otras mujeres en su misma situación. Cuando Phyllis Rodríguez vio a Aicha en la televisión, pensó: «Qué mujer tan valiente, cuando tenga más fuerzas me gustaría conocerla.» Phyllis tenía todo un mundo de solidaridad a su alrededor. Era la madre de una víctima de un horrible atentado terrorista y disfrutaba de la comprensión y el apoyo de todos. Pero Aicha no. Cuando se hizo público que su hijo era un terrorista, no recibió ninguna muestra de simpatía. Solo recibió odio y desprecio, a pesar de que ella no tenía culpa alguna por lo que había hecho su hijo y de que su sufrimiento era, igual que en el caso de Phyllis, insoportable. Aicha se convirtió en una activista por la paz. Empezó a visitar escuelas, donde la mayoría de alumnos eran musulmanes, para hablar de paz y condenar el terrorismo. Animaba a las jóvenes musulmanas a luchar contra los matrimonios impuestos y contra la violencia de género. Al final, se hizo público que Zacarias había sido condenado a cadena perpetua, pero nadie sabía dónde estaba. Aicha quería saber qué había ocurrido con su hijo. Quería saber dónde estaba. Por esto pidió ayuda a un grupo de defensa de los derechos humanos. Conscientemente, acudió al mismo grupo al que había ido Phyllis. Aicha no solo quería conocer la situación de su hijo, sino también explicarse delante de los familiares de las víctimas. En noviembre de 2002 se organizó, bajo la supervisión de psicólogos especializados, un encuentro de reconciliación entre Aicha y algunos familiares de las víctimas. Phyllis estaba allí. Se sentaron en círculo y, antes de que Aicha empezara a hablar, las dos madres se miraron y se reconocieron inmediatamente. Sin decirse nada, se levantaron, se abrazaron y lloraron juntas. Perdón y reconciliación en un instante.

Cuando volví a tocar el piano por primera vez después de todos aquellos años, sentí lo mismo. Perdón y reconciliación en un instante. Mis dedos se acercaron con miedo al teclado y empezaron a tocar las teclas y, como si fuera un milagro, el piano me respondió inmediatamente con música. En un segundo me di cuenta de un hecho absolutamente fascinante. El piano me había estado esperando durante todos aquellos años. De alguna manera, nunca me había abandonado y ahora, cuando lo necesitaba, estaba dispuesto a dármelo todo sin pedirme nada a cambio. A partir de aquel día supe que el piano siempre estaría a mi lado. A partir de aquel momento supe que no me dejaría nunca. Cada día pasaba más tiempo con él. Practicaba y practicaba, y allí donde antes sentía frustración, desencanto y odio, ahora sentía pasión, placer y satisfacción. Había encontrado un amigo.

En una conferencia que en 2011 dio el físico Leonard Susskind en la ciudad californiana de Pasadena, explicaba qué significó para él ser el compañero y el amigo de un hombre brillante: el premio Nobel de física Richard Feynman. Cuando Susskind describe a su amigo, dice: «Era un filósofo, un percusionista, un *showman*, un maestro, un irreverente, un *macho* amante de las batallas intelectuales con un ego inmenso. Siempre me sentía a gusto con Feynman. Era divertido estar a su lado y siempre te hacía sentir inteligente. ¿Cómo lo lograba? No lo sé, pero con él me sentía más inteligente, como si juntos tuviéramos la capacidad de resolver cualquier tipo de problema. Le gustaba ganar en cualquier tipo de juego. Pero, si alguna vez perdía, se reía y se lo pasaba igual de bien que si hubiera ganado».

Cuando oí a Susskind diciendo todas estas cosas de su amigo me di cuenta de que, si yo quisiera describir qué es el piano y cuál es mi relación con él, habría escogido exactamente aquellas mismas palabras. Tal vez hubiera añadido algunas otras, pero no muchas más. El piano sirve para filosofar, es un instrumento de percusión, es un *showman*, es un maestro, puede ser irreverente, tiene sin duda un ego inmenso y le encantan las batallas intelectuales. A su lado, como dice Susskind, siento que puedo resolver cualquier problema. Tocando el piano me siento imparable, mejor y capaz de todo. Puedo asegurar que le encanta ganar, pero cuando quien gana soy yo y logro que suene como yo quiero, entonces ríe y se lo pasa igual de bien que si me hubiera ganado. Cada día paso un rato a su lado y, con el tiempo, se ha convertido en el mejor amigo posible. Sé que siempre estará a mi lado. Sé que siempre estará ahí. Sé que siempre estará dispuesto a escucharme.

¿Qué necesidad tenemos de decir siempre la última palabra? ¿De tener siempre razón? ¿De expresar nuestra opinión como si fuera una máxima con la que todos deben estar de acuerdo? Yo lo hice unas cuantas veces y fui especialmente cruel con el piano. Igual que aquella niña de quince años que reprendió a su hermano pequeño cuando iban en tren de camino a Auschwitz, traté al piano como si yo fuera superior y sin tener en cuenta sus sentimientos. Me había equivocado, está claro. Me impuse hacer realidad aquello de «dos no se enfadan si uno no quiere». Me impuse no enfadarme nunca más con nadie. Y, como aquella niña, convertida en mujer cuando el campo de Auschwitz fue liberado por los soviéticos, me prometí a mí mismo: «Nunca diré nada a nadie que pueda quedar como la última cosa que he dicho».

Ahora el piano es mi mejor amigo. He encontrado a un compañero que nunca me engaña. Cuando voy a casa de mis padres, nunca olvido hablar un rato con aquel viejo Petrof que me enseñó el valor de la amistad el día que me perdonó. Él me enseñó que nunca hay que utilizar ni despreciar a un amigo. Me enseñó que el perdón y la reconciliación siempre son posibles y que no hace falta ir de superior y queriendo tener siempre la razón. Ahora en mi casa, el piano también ocupa un lugar central de mi vida. Tan central que está plantado en medio del comedor. Sí, allí donde todos tienen la mesa del comedor, yo tengo a un amigo, el piano: un Grotrian-Steinweg de media cola del año 1906. Una maravilla. Ya tiene más de cien años, pero está más fuerte que nunca. Curiosamente, cada día que pasa suena con más ganas y con un poco más de sabiduría. Cada día lo acaricio, lo cuido y hablo con él. Cada día canta cuando yo canto y siempre llora conmigo.

HÉROE

I need a hero.
I'm holding out for a hero 'til the morning light.
He's gotta be sure
and it's gotta be soon
And he's gotta be larger than life.

Holding out for a hero[15]
DEAN PITCHFORD, JIM STEINMAN
BONNIE TYLER

He aquí que en un país muy lejano, un joven, cansado de las adversidades que se encontraba en el trabajo y en la vida, se dirigió a un sabio anciano para pedirle consejo. ¿Cómo superar los obstáculos? ¿Cómo no caer en la desesperación? ¿Cómo seguir hacia adelante? Con la seguridad que da saber la respuesta, el sabio cogió tres cazuelas con toda la parsimonia del mundo y, sin decir ni una palabra, las llenó de agua y las puso a hervir. Metió una zanahoria en la primera cazuela, un huevo en la segunda y unos granos de café en la tercera. El joven, perplejo y sin comprender nada, le preguntó qué significaba todo eso. El sabio sonrió con condescendencia. Los tres alimentos experimentaban la misma adversidad, aclaró. El agua hirviendo escaldaba de la misma forma a los tres alimentos, pero cada uno reaccionaba de una forma muy diferente. Solo tenían que esperar unos minutos para comprobarlo.

Mucho más que unos minutos: veintisiete años, seis meses y seis días. Este es el tiempo que Nelson Mandela pasó en prisión privado de libertad por el color de su piel.

---

15. «Necesito un héroe. / Lo esperaré hasta que llegue la luz del día. / Será firme / y vendrá pronto / e irá más allá de la vida misma», *Buscando un héroe*.

Miembro del African National Congress (Congreso Nacional Africano), un movimiento de lucha contra la opresión y la segregación racial que sufrían los sudafricanos de raza negra bajo el régimen del Apartheid, fue detenido el 5 de agosto de 1962. Condenado a cadena perpetua en el famoso proceso de Rivonia por liderar algunos actos de sabotaje para derrocar al régimen opresor, Mandela fue trasladado a una minúscula celda de seis metros cuadrados de la prisión de Robben Island donde pasó dieciocho años en condiciones penosas. En una prisión en la que los negros estaban separados de los blancos y recibían raciones de comida menores, era obligatorio trabajar en la cantera de cal, donde, por culpa del polvo y la luz, sufría constantes inflamaciones e infecciones en las córneas. Considerado un preso de clase D, la más baja que existía, solo podía recibir una visita y una carta, muchas veces censurada, cada seis meses.

Una adversidad mayúscula, casi insuperable. Pero algo ayudó a Mandela a mirar adelante, a no desfallecer, a no hundirse y seguir luchando. Un poema, claro. Un poema de William Ernest Henley: *Invictus* (*Invicto*)

> *Out of the night that covers me,*
> *Black as the pit from pole to pole,*
> *I thank whatever gods may be*
> *For my unconquerable soul.*
>
> *In the fell clutch of circumstance*
> *I have not winced nor cried aloud.*
> *Under the bludgeonings of chance*
> *My head is bloody, but unbowed.*
>
> *Beyond this place of wrath and tears*
> *Looms but the Horror of the shade,*
> *And yet the menace of the years*
> *Finds and shall find me unafraid.*

It matters not how strait the gate,
How charged with punishments the scroll,
I am the master of my fate:
I am the captain of my soul.[16]

Con poco más de treinta años, Beethoven decidió enfrentarse a su mayor adversidad: la sordera. En 1801 escribió un par de cartas a su amigo Wegeler en las que, por primera vez, admitía que se estaba quedando sordo. Ya hacía unos cuantos años que había dejado de lado casi todas las relaciones sociales. Ser un compositor que perdía el oído le martirizaba y le avergonzaba. El miedo al escarnio público le había llevado a recluirse en sí mismo e incluso a plantearse el suicidio. Pero, finalmente, a pesar de la angustia que le oprimía, decidió no dejarse vencer por la desesperación y escribió: «*Ich will, wenn's anders möglich ist, meinem Schicksale trotzen*» («Quiero, si hay alguna posibilidad, desafiar mi destino») y «*Ich will dem Schicksal in den Rachen greifen*» («Quiero coger a mi destino por el cuello»).

Un año después, por indicación médica, fue a pasar el verano a Heiligenstadt, un pueblecito, por entonces aún separado de Viena, famoso por sus aguas sulfurosas. Allí, rodeado de los encantos de la naturaleza que tanto le gustaban, dio un paso más y escribió a sus hermanos un documento sobrecogedor: el famoso *Testamento de Heiligenstadt*.

¡Oh, hombres, vosotros que me consideráis un malévolo, un testarudo y un misántropo! ¡Qué injustos sois, pues no sabéis el origen de mi

---

16. «Más allá de la noche que me cubre / negra como el abismo insondable, / agradezco a los dioses que puedan existir / mi alma invencible. // En las azarosas garras de las circunstancias / nunca me he quejado ni he dudado. / Sometido a los golpes del destino / mi cabeza sangra, pero sigo en pie. // Más allá de este lugar de cólera y lágrimas / donde reposa el horror de la sombra, / la amenaza de los años / me encuentra y me encontrará, valiente. // No importa que el portal sea estrecho, / no importan los castigos de mi sentencia, / soy el amo de mi destino: / soy el capitán de mi alma.»

mal! Desde mi infancia, mi corazón y mi mente se han inclinado hacia los buenos sentimientos, e incluso he realizado acciones bondadosas. Pero pensad que hace seis años una afección infernal se apoderó de mí (...).

Nacido con un temperamento ardiente y vivo, (...) me vi obligado a aislarme, a llevar una vida solitaria. Y cuando, a veces, me esforzaba por superarlo era cuando, oh, me topaba de nuevo con la cruda realidad de mi sordera. En aquel momento era impensable para mí decir a la gente: «¡Hablad más alto! ¡Gritad! ¡Que soy sordo!» ¿Cómo podía admitir la debilidad del sentido que en su día me dio un grado de perfección sobre los demás? Un sentido que, tiempo atrás, poseí en la más elevada expresión. (...) Por lo tanto, perdonadme cuando veáis que me alejo de vosotros, aunque la realidad es que querría rodearme de vuestra compañía. (...) Tengo que vivir como un exiliado (...). Qué humillación la mía cuando alguien se detenía a mi lado para escuchar una flauta en la lejanía y yo no entendía nada, o cuando oía cantar a un pastor y yo, de nuevo, no oía nada. Todo esto me llevó a los límites de la desesperación, y de buen grado hubiera dado fin a mi vida, pero el arte me contuvo. Ah, no podía dejar este mundo sin haber acabado todo lo que se me había encomendado, y fue así como soporté esta miserable existencia —realmente miserable—; la de un cuerpo hipersensible que, con un pequeño cambio inesperado, te lleva del mejor de los estados a la desventura. Paciencia. Dicen que la necesitaré para que me guíe, y es lo que he hecho. Espero mantener firme mi determinación para resistir hasta que las inflexibles parcas decidan acabar con todo. (...) Dios, tú que desde lo alto ves el interior de mi alma, sabes que allí habita el deseo de hacer el bien al prójimo. Oh, hombres, si alguna vez leéis estas palabras, pensad que habéis sido injustos conmigo y dejad que el desventurado se consuele pensando que existió alguien como él que, a pesar de los obstáculos, hizo todo lo que estuvo en su poder para ser aceptado entre los respetables artistas y hombres.

Un par de años después, la sordera de Beethoven ya era un asunto de dominio público. ¡Un compositor sordo! Esa era la comidilla maliciosa que se extendió rápidamente de boca en boca por Viena.

Cualquier otro se habría acobardado. Pero Beethoven, no. Él no era de esa clase. Lejos de dejarse vencer, emergió de la angustia que le producía la sordera con fuerza y rebeldía. Con la fuerza y la rebeldía que le eran tan características. Inició un periodo de creatividad extraordinaria que se conoce como el *periodo heroico*. La originalidad, la fuerza y la diversidad de la música que comenzó a componer a partir de aquel momento era una consecuencia directa de la batalla que libraba contra la adversidad física. Escribía música frenéticamente. Como si no le quedara suficiente tiempo para decir todo lo que quería decir con música. Ese periodo que había empezado, naturalmente, con la *Eroica*, siguió con la composición de obras tan imprescindibles como la sonata para piano *Appassionata*, los conciertos para piano número 4 y 5 (*Emperador*), el concierto para violín en Re Mayor, la ópera *Fidelio*, la obertura *Egmont* y la quinta y la sexta sinfonía.

¿Quién no conoce las cuatro primeras notas de la quinta sinfonía? Seguramente, las cuatro notas más famosas de la historia de la música. Cuatro notas que, más allá del discurso musical, se han convertido en un universo independiente por sí mismas. Tanto es así que el episodio «*The seven-Beer snitch*» de la decimosexta temporada de la serie televisiva *The Simpsons*, los personajes de la serie que asisten a una interpretación de la quinta sinfonía en el nuevo auditorio de Springfield, construido por el famoso arquitecto Frank Gehry, se levantan de sus asientos y se van totalmente convencidos después de haber escuchado solo las cuatro primeras notas. Mientras la orquesta sigue tocando, el director, alucinado, pregunta: «¿Por qué os vais? ¡La sinfonía justo acaba de empezar!» La respuesta del jefe de policía, Clancy Wiggum, es clara: «¡Ya hemos oído el ta-ta-ta-taaaaa! ¡El resto no nos interesa!»

Bravo por los guionistas de *The Simpsons*. Pero, más allá de esta ocurrencia, es necesario preguntarse por el significado de estas cuatro notas que, aparentemente, forman una simple célula musical. ¿Qué significa este motivo musical inicial que recorre toda la sinfonía y que también se esconde obsesivamente en otras obras que

Beethoven compuso durante este mismo periodo? Anton Felix Schindler, secretario y uno de los primeros biógrafos del compositor, llamó a estas cuatro notas el motivo del destino. Según él, fue el mismo Beethoven quien, señalando el inicio de la sinfonía, dijo: «*So pocht das Schicksal an die Pforte*» («Así es como el destino llama a la puerta»). Aunque esta afirmación de Schindler la han puesto en duda muchos expertos, la realidad es que la sinfonía también se conoce, especialmente en Alemania, como la *Schicksalsymphonie* (*Sinfonía del destino*). Y es que la visión idealizada de un hipotético destino de Beethoven llamando a su puerta es demasiado potente y se ha impuesto por encima de cualquier otra interpretación.

Con las cuatro poderosas notas iniciales, la quinta sinfonía es un verdadero ejercicio de condensación. Una sinfonía brutal y compacta. Una sinfonía sin una melodía obvia que, a diferencia de cualquier otra sinfonía que hubiera compuesto hasta ese momento, está constituida por un maravilloso declive continuo. Un declive que tiene como único objetivo llevarnos hasta la exaltación final. Toda una sinfonía, media hora larga de música, pensada y creada solo para llegar al clímax final. En el tercer movimiento, Beethoven recoge la música manteniendo toda la tensión condensada en un único tambor. En este intervalo vacío de sonido, sordo, irrumpe el cuarto movimiento para transportarnos al más alto nivel de intensidad sonora. Toda la orquesta explota en un victorioso final cuando Beethoven lleva el Do menor inicial hasta el Do Mayor final: un viaje desde la oscuridad a la luz. Un viaje desde la depresión y el suicidio hasta la victoria.

El alma invencible de Mandela también le llevó hasta la victoria final. Después de los primeros siete años le suavizaron las condiciones en prisión y obtuvo una autorización para estudiar por correspondencia hasta licenciarse en Derecho por la Universidad de Londres. Su estancia en prisión lo convirtió en un símbolo mientras las presiones internacionales contra el régimen se agudizaron, sobre todo después de la masacre de Soweto, en la que hasta quinientos setenta adolescentes de raza negra fueron masacrados por protestar pacíficamente contra la obligación de recibir la educación en afri-kaans, la lengua de la comunidad blanca dominante. Mientras el ré-gimen se debilitaba, Mandela fue trasladado a otras prisiones. Al fi-nal, el gobierno presidido por el reformista Frederik Willem de Klerk impuso el sentido común y la justicia. El 11 de febrero de 1990, Man-dela fue liberado. Habían sido más de nueve mil días de cautiverio. Pero la prisión no le había debilitado. Después de todo ese tiempo, Mandela se había convertido en un hombre inmensamente fuerte. Se había convertido en un hombre indestructible. Un hombre capaz de enfrentarse a cualquier situación. Un hombre capaz de transformar su entorno y traer la democracia y la reconciliación a su país. En 1993 recibió, junto con De Klerk, el premio Nobel de la Paz y, después de las primeras elecciones multirraciales, fue elegido presidente de Su-dáfrica. Se había convertido en un referente moral.

Con la quinta sinfonía, Beethoven se convirtió en el sujeto y el epicentro de su música. Se definió y decidió convertirse en el héroe de su propia creación. Nos mostró la lucha y la victoria contra la adversidad. Por eso, todos sus manuscritos están repletos de dudas. Pasajes enteros tachados, borrados o desgarrados. Pasajes, en mu-chas ocasiones, recuperados y reescritos mil y una veces. Pasajes como el inicio del segundo movimiento de la quinta sinfonía que llegó a escribir y reescribir obsesivamente de catorce maneras dife-rentes hasta dar con el inicio que hoy todos conocemos. Tal vez Beethoven no fuera un gran inventor de melodías. Tal vez no fuera un gran maestro de la armonía. Tal vez no fuera el mejor orquesta-dor del mundo o no adquiriera un dominio total del contrapunto. Tal vez Beethoven no fuera, si consideramos estos aspectos por se-parado, el mejor compositor que se pueda imaginar. Pero, como si se tratara de un milagro, si juntamos todas las piezas del rompeca-bezas y escuchamos la música que, después de tanto esfuerzo, logra-ba plasmar en sus manuscritos rallados y rasgados, el resultado es una música perfecta. Una música fascinante en la que cada nota que sigue a la anterior es siempre la nota justa. Una música eterna en la que cada nota que sigue a la anterior es siempre una nota impredecible pero, al mismo tiempo, exacta. Siempre la nota adecuada. Siempre la siguiente nota perfecta. Parece imposible que, después de todas las dudas que tenía al escribir, lograra la forma perfecta. El conjunto perfecto. La música perfecta. ¿Cómo lo hacía? ¿Cómo lo lograba? Nadie lo entiende. No hay explicación posible. A la hora de componer era desorganizado, sufría episodios constantes de enamoramientos compulsivos, sentía frustración día sí y día también, muchas veces estaba malhumorado, se dispersaba, no encontraba el lugar adecuado para escribir y necesitaba cambiar de casa constantemente, la habitación donde trabajaba estaba siempre desordenada y llena de papeles y partituras por todas partes, componía rodeado de una mezcla de olores que producían la palangana sucia de debajo del piano que no había tenido tiempo de vaciar y la última comida o cena que no había querido probar. Un desastre. Un completo desastre organizativo. Sin embargo, el resultado final de su obra era siempre la perfección. Sin posibilidad de encontrarle una explicación lógica a todo esto, parece como si tuviera un teléfono secreto. Un teléfono con línea directa con el más allá. Un teléfono para hablar con Dios. Un teléfono con un interlocutor que premiaba su esfuerzo por superar la adversidad.

Después de consultar el reloj y comprobar que habían transcurrido los minutos necesarios, el sabio sacó los alimentos de las cazuelas y se los mostró al joven. Esa zanahoria que había entrado segura, fuerte, dura e implacable, se había ablandado. La adversidad la había convertido en débil y vulnerable. Depresiva, había perdido toda la seguridad en sí misma.

Ese huevo que había empezado con un corazón frágil y débil, también había cambiado. Había perdido el espíritu fluido. La adversidad, el agua hirviendo, lo había transformado. Por fuera tenía la misma apariencia, pero su interior, su corazón, se había endurecido para siempre.

Los granos de café, a diferencia de la zanahoria y el huevo, no se habían dejado transformar por el agua hirviendo. Al contrario: eran ellos los que habían transformado la adversidad. Justo cuando el agua empezaba a hervir, los granos habían liberado toda su fragancia y sabor, y transformaron el agua impregnándola de nuevos olores y sabores.

Como si fueran granos de café, tanto Beethoven como Mandela no solo no dejaron que las adversidades los ablandaran o los endurecieran, sino que las superaron y lograron transformar el mundo que les rodeaba con su actitud. Ambos se convirtieron en héroes.

En aquella época de estudiante de canto, me imbuí de todo un universo de cantantes que escuchaba sin parar. Como cualquier joven que comienza una carrera difícil y repleta de adversidades que debe superar, buscaba un referente. Un ejemplo que me ayudara a superar los obstáculos que iban apareciendo por el camino. Empecé a descubrir a todos aquellos barítonos del nuevo mundo que habían hecho una gran carrera, algunos de ellos junto a Victoria, en el Metropolitan de Nueva York: Lawrence Tibbett, Leonard Warren, Robert Merrill, George London, Cornell MacNeil. Me encantaban. También escuchaba con deleite a los italianos Ettore Bastianini y, muy especialmente, a Mario Sereni, un portento que también era un habitual de Nueva York, donde llegó a cantar en quinientas cincuenta y seis representaciones. Supongo que lo más normal hubiera sido que, como cualquier estudiante de canto, alguno de aquellos grandes cantantes que tanto admiraba se hubiera convertido en mi referente, en mi ejemplo a seguir, en mi ídolo. Pero no fue así. La obsesión de Victoria por inculcarme que era necesario ir más allá del canto y que debía comprender que la música está por encima de todo, me llevó a la búsqueda de un referente global. Un referente, un ídolo, un héroe que no solo fuera vocal, sino que abarcara todo el universo musical.

Escogí a Ludwig van Beethoven.

Como un grano de café, Beethoven me afecta y me transforma de una manera muy especial. Supongo que debe de ser porque soy un romántico y me gusta pensar que él también lo fue. El primero de todos. El primer músico que dio carpetazo al clasicismo y decidió explorar nuevas vías. Soy un hombre de la primera mitad del siglo xix al que, por alguna jugada del destino, le ha tocado vivir doscientos años más tarde. Como si de alguna manera me encontrara siempre fuera de mi tiempo, la música de Beethoven, especialmente la del periodo heroico, y más especialmente aún la quinta sinfonía, me habla directamente y sin tapujos. Me confía su verdad, lucha y triunfo contra la adversidad, y no deja de recordarme quién fue aquel hombre que un día dijo: «*Musik ist höhere Offenbarung als alle Weisheit und Philisophie*» («La música es una revolución más grande que toda la sabiduría y la filosofía»).

En el poema épico *Odisea*, escrito por Homero ocho siglos antes de Cristo, el guerrero Odiseo se pierde y tarda diez años en regresar a casa tras la larga guerra de Troya. A pesar de que sabe que su destino está en manos de los dioses, Odiseo lucha con valor heroico contra los mil peligros a los que debe enfrentarse para llegar a Ítaca y proteger a su mujer Penélope y a su hijo Telémaco de aquellos que amenazan su reino. Pero para los griegos, Odiseo fue más que un héroe. Fue un mito. Según el antropólogo francés Claude Lévi-Strauss, seguramente el mayor experto en cuestiones mitológicas del siglo xx, se necesitan tres cosas para que algo pueda convertirse en un mito:

- Responder a una pregunta existencial: el origen del mundo, la humanidad, el más allá...
- Estar constituido por contrarios irreconciliables: vida/muerte, divino/humano, finito/infinito, bien/mal, amor/desamor, blanco/negro...
- Reconciliar estos contrarios irreconciliables para calmar nuestra incertidumbre.

Muchos héroes griegos se han convertido en mitos según los criterios de Lévi-Strauss: Odiseo, Aquiles, Héctor, Eneas, Heracles, Perseo, Anfitrión, Jasón, Teseo... Pero más allá de este grupo de mitos clásicos, ¿quién puede dudar de que Beethoven y Mandela no hayan hablado de humanidad a la humanidad? ¿Quién puede dudar de que ambos lucharan para reconciliar los contrarios que parecían irreconciliables? Más que héroes, Beethoven y Mandela también son mitos. Una lista a la cual podríamos añadir a Gandhi, Lincoln, Rosa Parks, Martin Luther King, Teresa de Calcuta y otros tantos. Hombres y mujeres que se convirtieron en modelos y prototipos para el resto. Modelos y prototipos que lograron transformar su entorno porque, como rezan los dos últimos versos del poema *Invictus*, fueron dueños de su destino y capitanes de sus almas.

Igual que Jesús de Nazaret cuando multiplicó los cinco panes y los dos peces para dar de comer a la multitud a orillas del mar de Galilea, Beethoven también obró un milagro. Un milagro musical. Convirtió cuatro gotas de agua, las cuatro notas iniciales de la quinta sinfonía, en un océano de música para la humanidad. Un regalo precioso. Un océano azul donde Beethoven flota por encima de todo y de todos. Un océano infinito que nos explica que, frente a la adversidad y los obstáculos, la única opción posible es seguir, luchar y convertirse en un héroe, en un superhéroe y en un mito que, como dice el estribillo de la canción de Bonnie Tyler, vaya más allá de la vida misma.

Sumerios, griegos, apaches, romanos, etruscos, egipcios, árabes, fenicios, amazónicos, aztecas, pigmeos, hawaianos, mayas, persas, sioux, hebreos, japoneses, cartagineses, íberos, nórdicos, eslavos, guanches, cristianos, bereberes, budistas, hindúes, celtas, guaranís, masáis, babilónicos... Todos los pueblos de la Tierra (todos) han tenido la necesidad de crear héroes, mitos y mitologías. La incertidumbre sobre nuestra condición, nuestro origen, las dificultades que nos rodean y nuestro destino es demasiado grande. Yo también sentí la necesidad de tener un referente. La carrera que tenía por delante estaría llena de dificultades que habría que superar y pensé que sería más fácil llegar a la meta si alguien como Beethoven estaba a mi lado.

Ha pasado el tiempo y desde aquellos años con Victoria he tenido la oportunidad de escuchar en muchas ocasiones la quinta sinfonía en directo. La última, el viernes 13 de diciembre de 2013 en el

Auditorio de Barcelona. Mientras escuchaba la música me dediqué a mirar a la gente que tenía a mi alrededor. Me di cuenta de que era como si todos estuvieran ausentes en otra dimensión. Era como si todos estuvieran enganchados, cautivados y transportados por la música de Beethoven. Todos tenían una sonrisa inconsciente en los labios y un brillo muy especial en los ojos. Un brillo que delataba que, como si fuera un grano de café, Beethoven los estaba transformando en aquel preciso momento de una manera especial. De la misma forma que empezó a transformarme a mí el día en que se convirtió en mi ejemplo, en mi referente, en mi héroe.

GENIO

Im Rhein, im heiligen Strome
Da spiegelt sich in den Wellen,
Mit seinem Großen Dome
Das große, heilige Köln.

Dichterliebe[17]
Heinrich Heine
Robert Schumann

De repente, los jóvenes de toda Europa empezaron a suicidarse. Curiosamente, muchos de aquellos jóvenes que aparecían muertos vestían frac azul, chaleco y pantalones amarillos y botas altas de montar a caballo. Ese fue el primer efecto visible de la publicación en Leipzig de *Die Leiden des jungen Werthers* (*Los sufrimientos del joven Werther*) el jueves 29 de setiembre de 1774. La novela epistolar de Goethe fue un éxito absoluto y se convirtió en el primer *best seller* de la literatura en lengua alemana. El libro se empezó a leer compulsivamente en todos los estados alemanes y pronto se difundió por toda Europa.

Había nacido el Romanticismo. Una nueva concepción del mundo. Una nueva concepción nacida en la capital de Sajonia, en lengua alemana y que llegaría a todo el continente y a todas las artes. También a la música. A partir de aquel momento ya nada sería igual. La percepción del hecho creativo y del artista como genio creador cambiaría para siempre. Alemania había dado al mundo una nueva forma de entender la vida y el arte. Pero, sobre todo,

---

17. «Sobre las olas / del sagrado Rin / se refleja la gran catedral / de la magna y santa Colonia», *Amor de poeta*.

91

había sembrado la semilla de una nueva manera de entender la relación entre el hombre y su creación artística. Por eso, cuando mi novia alemana me propuso ir a conocer su país, dije que sí. Yo estaba estudiando alemán en el antiguo Instituto Goethe de Barcelona que estaba en la calle Diputación. Allí tuve la oportunidad de descubrir y profundizar en mis conocimientos sobre el autor de *Werther*. Pero, más allá de Goethe, Alemania me llamaba por otro motivo: la música. Alemania era, en mi imaginario, un país eminentemente musical.

Un país tan musical que, cuando el gran crítico de *The New York Times*, Anthony Tommasini, intentó hace algún tiempo confeccionar la lista de los que según su criterio son los diez compositores más importantes de la historia de la música, le acabó saliendo una enumeración repleta de compositores del mundo germánico. Él mismo se disculpó intentando explicar que confeccionar una lista de este tipo resulta siempre un ejercicio bastante delirante y absurdo, porque aunque se intente ser lo más objetivo posible, siempre se acaba escogiendo con criterios subjetivos y porque, al final, siempre quedan fuera de la lista compositores que seguramente también merecerían estar. Aun así, después de darle muchas vueltas, Tommasini se tiró a la piscina y compartió su lista con los lectores del diario en un artículo publicado el 21 de enero de 2011.

1. Bach
2. Beethoven
3. Mozart
4. Schubert
5. Debussy
6. Stravinski
7. Brahms
8. Verdi
9. Wagner
10. Bartók

Una lista muy personal con la que se puede estar de acuerdo o no, pero que sin duda está elaborada por un hombre que sabe mucho de música. En su artículo, Tommasini trataba de justificarse por no haber incluido en la lista compositores que también consideraba fundamentales, como Monteverdi, Albinoni, Händel, Haydn, Mahler, Chopin, Puccini, Shostakóvich, Britten o Ligeti. Pero independientemente de sus consideraciones, lo que llama la atención es que de los diez compositores que aparecen en la lista, seis son del mundo germánico. De hecho, si cualquiera de nosotros intentara hacer su lista acabaría dándose cuenta de que la mayoría de los compositores que incluiría también serían alemanes. Y es que existen tantos compositores alemanes importantes que incluso podríamos elaborar una segunda lista solo de compositores teutones que no aparecen en la de Tommasini y que también son absolutamente imprescindibles. Ved aquí un pequeño ejemplo:

1. Telemann
2. Händel
3. Haydn
4. Gluck
5. Mendelssohn
6. Schumann
7. Mahler
8. Strauss
9. Schönberg
10. Berg

Todas estas listas, que en el fondo no son más que un divertimento, creo que sirven para ilustrar la importancia del mundo musical alemán al que estaba a punto de enfrentarme cuando, con poco más de veinte años, pisé Alemania por primera vez. Mi novia podía haber sido bávara, sajona o de cualquier otra parte de Alemania, pero (casualidades de la vida) resultó ser renana, de Düsseldorf, y tener una casa justo delante del Rin. Un río lleno de música. Un río lleno de romanticismo.

En Düsseldorf, más allá de todo aquel capital musical germánico, empecé a intimar con dos iconos del Romanticismo alemán que, con el paso del tiempo, han llegado a formar parte de mi ADN: el poeta Heinrich Heine y el compositor Robert Schumann. Dos hombres unidos por una ciudad, un río, un género (el *Lied*) y una muerte. Dos hombres que, como buenos románticos, sufrieron la responsabilidad de considerarse a sí mismos genios creadores. Dos románticos que vivieron atormentados por el hecho creativo. Pero, ¿por qué los románticos sufrían tanto cuando creaban sus obras? ¿Por qué desde que empezó el Romanticismo la relación entre el artista y su obra cambió? ¿Por qué a partir de ese momento tantos artistas han truncado su existencia precisamente por el hecho de ser artistas?

La clave del problema para responder a todas estas cuestiones radica en un matiz pequeño pero muy importante: entender la diferencia entre *TENER un genio* o *SER un genio*. Hoy en día, cuando pensamos en un gran artista decimos que *ES un genio* o *ERA un genio*. A nadie se le ocurre decir *TIENE un genio* o *TENÍA un genio*. El problema de *SER un genio* creador es la extraordinaria presión que comporta. Gestionar esa presión no es fácil. Por esto, durante estos últimos dos siglos, los creadores se han convertido en un colectivo famoso por sus comportamientos poco sociales, por tener una estabilidad mental frágil o por ser personas, digamos... especiales. Personas que, muchas veces, han buscado refugio en las drogas o el alcohol para inspirarse o evadirse de la realidad que les oprime. La relación que el artista tiene con su proceso creativo y con su obra es fundamental para disfrutar de una vida más o menos tranquila. Vivir obsesionado por la responsabilidad de ser un genio creador puede llevar a hacer afirmaciones tan devastadoras como la que formuló Norman Mailer, uno de los grandes innovadores del periodismo literario estadounidense, en la última entrevista que concedió antes de morir: «Cada uno de los libros que he escrito me ha matado un poco más.» Una afirmación demoledora. Una afirmación típicamente romántica. Y es que, desde que el Romanticismo apareció a finales del siglo XVIII y principios del XIX, hemos interiorizado y aceptado socialmente que la creatividad y el sufrimiento son conceptos que van unidos. Hemos aceptado que cualquier forma de expresión artística conduce inexorablemente a algún tipo de angustia.

Pero si retrocedemos en el tiempo nos daremos cuenta de que hubo otras maneras de entender el hecho creativo. Maneras más saludables. Los griegos, por ejemplo, lo tenían muy claro y vivían mucho más tranquilos. Los hombres de la Grecia clásica no creían que la creatividad fuera un atributo del ser humano. Creían que la creatividad era una especie de espíritu divino que, desde la distancia, se acercaba a los hombres por razones desconocidas. Una de las definiciones de estos espíritus que tuvo más fortuna fue la que formuló Platón, cuando trató de explicar el origen de la sabiduría de su maestro Sócrates. Según él, la sabiduría de Sócrates parecía ser algo inducido por una especie de fuerza que le venía del exterior y lo poseía, sin que su intelecto o voluntad pudieran hacer nada por evitarlo o para provocarlo. Solo podía aceptarlo y dejarse guiar. Los griegos bautizaron a estos espíritus con el nombre de *daimon*. Más tarde, los romanos, herederos de la cultura griega, siguieron con la misma idea, pero le dieron otro nombre a este espíritu o divinidad tutelar de la creatividad: *genio*, que etimológicamente quiere decir *dar vida* o *crear*.

Esta idea de los griegos y los romanos coincide con el concepto de *TENER un genio*. Es decir, tener un espíritu exterior que aparece cuando y como quiere para darle alas a la creatividad. Esta idea me parece fascinante, ya que libera al hombre del peso de la creación. De hecho, interpone una distancia muy saludable entre el acto de crear y el hombre. Siempre he creído que este pensamiento coincide con la famosa frase de Picasso: «La inspiración existe, pero tiene que encontrarte trabajando.» Me imagino a Picasso en su estudio trabajando delante de un lienzo en blanco, sin dibujar nada especial hasta que, en algún momento, sin saber por qué ni cómo, aparece desde un rincón del estudio un espíritu, un *daimon*, un genio creador que sigilosamente se introduce en el cuerpo del pintor inspirándole un cuadro magistral. Una vez acabada la obra, el genio vuelve a salir del cuerpo del pintor y, en aquel preciso momento, Pablo Picasso deja de ser el Pablo Picasso que todos admiramos para volver a ser solamente un hombre.

Siguiendo con la misma idea de Picasso, el dramaturgo y guionista británico Brian Clark escribió un ingenioso decálogo para ser un escritor mejor. La idea que palpita en el decálogo es la misma que expresó Picasso con su famosa frase: tú cumple con tu tarea, trabaja y no dejes de trabajar, no sea que venga la inspiración, el espíritu divino, el *daimon*, el genio o quien sea que tenga que venir y no estés a punto para aprovechar su inspiración.

Decálogo para ser un escritor mejor:

1. Escribe
2. Escribe más
3. Escribe aún más
4. Escribe incluso aún más
5. Escribe cuando no tengas ganas
6. Escribe cuando tengas
7. Escribe cuando tengas algo que decir
8. Escribe cuando no tengas nada que decir
9. Escribe cada día
10. Continúa escribiendo

En este mismo sentido, la poetisa estadounidense Ruth Stone, que murió en el año 2011, explicó su proceso creativo a la escritora Elizabeth Gilbert. Según Stone, cuando ella vivía en el mundo rural de Virginia y trabajaba en el campo, podía sentir los poemas como algo externo a ella. Podía sentir cómo los poemas venían desde el paisaje. El poema era como un tren de aire ensordecedor que se acercaba a gran velocidad. Un tren que hacía temblar la tierra bajo sus pies. Cuando esto ocurría, Stone sabía que solo podía hacer una cosa: correr tan rápido como pudiera hacia casa para coger una hoja y un lápiz con suficiente antelación para que cuando el poema le atrapara y le atravesara el cuerpo, pudiera inmortalizarlo en papel. Algunas veces, el poema llegaba tan deprisa que, a pesar de que ella corría y corría, el poema le atravesaba el cuerpo antes de que tuviera tiempo de coger una hoja y un lápiz. Cuando eso pasaba, veía cómo el poema le volvía a salir del cuerpo y seguía viajando por el paisaje rural de Virginia en busca de otro poeta.

Parece que tanto Picasso como Brian Clark o Ruth Stone hubieran escuchado la conferencia que pronunció Federico García Lorca el 20 de octubre de 1933 en Buenos Aires. La conferencia se titulaba «Teoría y juego del duende» y en ella García Lorca ofrecía una elocuente disertación sobre la famosa expresión de *TENER duende*. Expresión típica del mundo flamenco y que tiene mucho que ver con esta idea de un genio creador como algo exterior a nosotros que viene cuando y como quiere, sin que tengamos ningún tipo de control sobre la situación. Esta idea es la que se mantuvo durante siglos y siglos hasta que el Renacimiento, con su antropocentrismo, colocó al hombre como centro del universo. El hombre como ser creado a imagen de Dios. A partir de aquel momento se empezó a dejar de lado la idea de *TENER un genio* y comenzó a crecer la idea de *SER un genio*. Esta idea se fue enraizando poco a poco y se desarrolló lentamente hasta que, con la explosión del romanticismo alemán, llegó a considerarse que la creatividad provenía completamente del propio individuo. Con el romanticismo, por primera vez en la historia se dejó totalmente en manos del individuo la responsabilidad de su obra. Se consideró al individuo el origen, la esencia y la fuente de todos los misterios de la creatividad. Hasta ese momento, los artistas habían estado protegidos por la distancia con el hecho creativo, de tal manera que si una obra no obtenía suficiente éxito, la culpa no solo era del artista, sino también del genio que le había asesorado. O, en caso contrario, si la obra era un éxito total, el mérito tampoco se podía atribuir exclusivamente al artista, sino sobre todo al genio que lo había inspirado. Sin duda, una manera brillante de protegerse de las depresiones después de un fracaso o del exceso de narcisismo después de un éxito. El problema es que, cuando no se puede compartir la culpa de un revés o la alegría de un triunfo con un genio externo a nosotros, empiezan los tormentos.

El pistoletazo de salida de esta nueva forma de pensar fue la aparición del *Werther* de Goethe. El éxito que obtuvo fue tan inmenso que enseguida aparecieron críticas de la obra, discusiones públicas sobre ella, cartas, adaptaciones novelescas, dramáticas y poéticas. Incluso se compusieron óperas, operetas, sainetes, ballets u obras de marionetas. Se hicieron parodias, porcelanas con imágenes e incluso un perfume llamado Agua de Werther. Fue una locura. Los lectores de toda Europa, fascinados con la personalidad del protagonista, empezaron a comportarse y vestirse como él; chaqueta azul, chaleco y pantalones amarillos y botas altas de montar a caballo. Era la llamada *Werther-Fieber* (fiebre de Werther). Pero, más allá de toda esa locura y mimetismo en el vestuario del protagonista, los jóvenes empezaron a interiorizar la nueva visión romántica del mundo que la novela proponía. Una visión crítica con las convenciones sociales y sus valores caducos. Una visión que alababa el amor a la naturaleza salvaje, la exaltación del individuo, de sus sentimientos y de sus capacidades creativas. Una visión del mundo en la que predominaba el culto al genio, a la imaginación, a las emociones y a las intuiciones por encima de la razón, la lógica o la ciencia. El nuevo héroe romántico (el nuevo artista) era un joven, un hombre corriente. Atrás quedaban los héroes mitológicos de la literatura antigua que tenían que salvar el mundo. El joven Werther era como cualquiera de los lectores de la novela: un hombre normal. Por eso, todos pudieron sentirse identificados con él. Ahora bien, esta nueva visión del héroe romántico como ser puro y sublime que entra en conflicto con las convenciones sociales, condujo a este nuevo hombre a un desenlace trágico. El nuevo héroe romántico, el nuevo artista, es incapaz de encontrar su lugar en la sociedad burguesa y sufre la incomprensión, el conflicto permanente y la angustia. Solo le queda una solución posible: el suicidio.

Este es exactamente el final trágico de *Werther*. Un disparo en la cabeza. Una forma de quitarse la vida que imitaron muchos jóvenes.

La interiorización de los comportamientos de Werther llegó a tal extremo entre los lectores que muchos jóvenes de toda Europa empezaron a suicidarse igual que Werther. Es lo que se conoce como *Werther effect* o *Copycat suicide*. Términos que instauraría muchos años más tarde, concretamente en 1974, el investigador David Phillips. De hecho, la ola de suicidios fue tan avasalladora que en algunos lugares de Alemania, Dinamarca o Italia se llegó a prohibir la novela, bajo la acusación de fomentar el suicidio entre la juventud.

Así, con la aparición de *Werther*, la sociedad empezó a asumir como propias las reacciones extremas de su protagonista, integrando en el comportamiento social las ideas del Romanticismo que llevarían a considerar a los artistas seres superiores, fuente y origen de toda creación. Una inmensa responsabilidad que llevaría a muchos autores a sufrir de forma desmesurada y a encontrar, igual que Werther, soluciones drásticas a ese sufrimiento. Ese fue el caso, por ejemplo, del escritor Heinrich von Kleist que, después del fracaso de su última obra, *El príncipe de Homburg*, se suicidó en la orilla del lago Wannsee, a las afueras de Berlín. Su musa inspiradora, Adolphine Vogel, enferma de cáncer terminal, le acompañó en el suicidio. Kleist tomó una pistola y, después de dispararle a ella, dirigió el arma hacia sí mismo. El epitafio que aparece en su lápida es precisamente un verso de la obra que le llevó al suicidio: *Nun, o Unsterblichkeit, bist du ganz mein* («Finalmente, oh inmortalidad, eres toda mía»).

Desde entonces, muchos otros artistas (como Marilyn Monroe, Kurt Cobain, Jimi Hendrix, Jim Morrison, Amy Winehouse o Michael Jackson) han vivido y muerto de acuerdo con el ideal romántico. Intérpretes y creadores que, ahogados por la fama de una sociedad en la que no encajan y oprimidos por la responsabilidad creadora de su propia obra, han vivido vidas atormentados y han muerto en circunstancias especialmente trágicas.

También Heinrich Heine y Robert Schumann, esos dos buenos románticos que encontré en Düsseldorf, vivieron bajo el yugo abrumador de sus propias creaciones. Los dos tuvieron que luchar absolutamente solos y sin red para superar con su siguiente obra el éxito de la anterior. Un peso demasiado grande. Una angustia casi insoportable. ¿Cómo seguir escribiendo o componiendo si se sabe que el éxito de la última obra no podrá repetirse jamás? ¿Cómo encajar uno solo esta responsabilidad? ¿Cómo enfrentarse a la vida sabiendo que tal vez tu mejor obra ya esté escrita? Pero, si con esto no hubiera suficiente, los casos de Heine y de Schumann fueron aún más dramáticos. Los dos tuvieron que enfrentarse a la angustia de *SER unos genios* con el sufrimiento añadido de sendas terribles enfermedades que les provocaron una muerte llena de dolor.

En su exilio en París, Heine sufrió el doble. Primero, una enfermedad espiritual y, luego, una física. Espiritualmente, sentía añoranza, expresada muchas veces, de su tierra y de sus queridas aguas del Rin. Físicamente, pasó los últimos dieciocho años de su vida en cama. Dolores insoportables le restaron movilidad hasta confinarlo a unos cuantos colchones de piel que llamaba *Matratzengruft* («sepulcro de colchones»). Colchones que hicieron especialmente para él, pero que no lograron aliviar su sufrimiento. Tenía una herida abierta en el cuello que no podía curarse y solo la morfina le proporcionaba un poco de descanso. Se ha discutido mucho sobre cuál fue la enfermedad que padeció: sífilis, tuberculosis, esclerosis múltiple, esclerosis lateral amiotrófica... Elucubraciones a las que la ciencia dio una respuesta cuando en 1997 se hizo un análisis de uno de sus cabellos. El diagnóstico: saturnismo. Es decir, intoxicación crónica por plomo.

Por su parte, a Robert Schumann fue el cerebro lo que nunca le dio descanso. Ya con veinte años empezó a manifestar algún tipo de desorden mental. Estados melancólicos y depresivos combinados con momentos de euforia desmedida. Durante sus últimos años de vida, coincidiendo con su llegada a Düsseldorf, estos desequilibrios se hicieron cada vez más notorios y graves. Oía voces y ruidos en su cabeza y solo las drogas fuertes, como el láudano, que le administraba su mujer Clara, lograban calmarlo. Le aconsejaron seguir un tratamiento en la nueva clínica que el psiquiatra Franz Richarz había abierto en Endenich, cerca de Bonn. Se trataba de una clínica psiquiátrica muy moderna que ofrecía tratamientos innovadores, pero Schumann siempre se negó a ir. Intuía que ir a la clínica del doctor Richarz supondría su fin. Su estado empeoró y en *Rosenmontag*, el día más importante del carnaval de Düsseldorf y de toda la zona del Rin, se dirigió al puente de Oberkassel, se subió a la barandilla y se tiró al río. Unos pescadores recogieron su cuerpo todavía con vida y unas comparsas lo llevaron a su casa: «Ni siquiera el Rin me quiere», respondió cuando su mujer le preguntó qué había hecho. Después de esto, Schumann finalmente ingresó de forma voluntaria en la clínica del doctor Richarz. Regularmente, recibía las visitas de su mujer Clara y de su buen amigo Johannes Brahms, pero ningún tratamiento logró curarle y al final, después de pasar dos años internado, murió el 29 de julio de 1856. Las elucubraciones sobre la enfermedad exacta que sufrió Schumann también son, como en el caso de Heine, muchas. No obstante, las más aceptada es la que afirma que padeció un tipo de síndrome bipolar con episodios esquizofrénicos.

Heinrich Heine y Robert Schumann, esos dos iconos que descubrí en mi primer viaje a Alemania, vivieron y pensaron como auténticos hombres del Romanticismo. Vivieron sus vidas como auténticos Werthers, exaltando el individualismo, los sentimientos, las emociones y las intuiciones. Pensaron que *ERAN unos genios*. Pensaron que eran la fuente, el origen y la esencia de toda su creación artística. Vivieron pensando que eran unos artistas creadores y que, por lo tanto, eran, de alguna manera, especiales, superiores y diferentes del resto de mortales. Yo también llegué a pensarlo. En Barcelona, había sido elegido por la gran Victoria de los Ángeles para ser su alumno privado y personal, y eso hizo que me creyera especial. Mejor que los demás. Como si fuera un hombre del Romanticismo pensé que *ERA un genio*. Un genio en ciernes llamado a lograr proezas históricas. Así que, lleno de autoconfianza, aproveché la oportunidad de mi estancia en Düsseldorf y pensé que valdría la pena que alguien me escuchara cantar. ¿Por qué no disfrutar un poco deslumbrando a esos alemanes con el genio de mi voz? Fui al teatro de la ópera, que se encontraba precisamente en el paseo de Heinrich Heine, y a la mejor agencia de cantantes de la ciudad, y pedí sendas audiciones. En ambos lugares me dijeron que hacían audiciones semanales y que podía apuntarme cuando quisiera. Así lo hice y al cabo de un par de días me presenté puntualmente. Al llegar me encontré con un montón de gente que también se habían apuntado y que esperaba turno para cantar. Había personas de todo el mundo. Pero, a pesar de que hubiera tanta gente esperando para cantar, no me preocupé. Estaba convencido de que yo sería el mejor. Me puse a la cola para esperar mi turno. Cuando dos horas después me llegó, subí al escenario, pagué al pianista y, pensando que me comería el mundo, empecé a cantar. En los dos lugares canté lo mismo: *Vien Leonora* de *La Favorita* de Donizetti y *Deh, vieni alla finestra* del *Don Giovanni* de Mozart. El resultado de las dos audiciones fue el mismo: psé. Es decir: «Gracias, chaval. Tienes buena voz pero te queda mucho que estudiar. Vuelve cuando hayas estudiado todo lo que te toca y no nos hagas perder el tiempo.»

Salí indignado. ¿Qué se había creído esa gente? No me lo podía creer. Mientras iba reflexionando sobre lo que me habían dicho, caminaba sin rumbo y, sin darme cuenta, llegué hasta el puente de Oberkassel, el mismo desde el que Schumann se tiró al río. Me apoyé en la barandilla y, mirando las aguas del Rin, me fui indignando cada vez más. ¿Cómo era posible? Yo era el alumno de Victoria. Uno de los dos únicos que había tenido. Ya sabía que tenía que estudiar más. Eso estaba claro, pero... ¿cómo no se habían dado cuenta de que yo *ERA un genio*? ¿Cómo no se habían quedado maravillados con la creación interpretativa de mi voz? Mi novia intentó calmarme diciéndome que los alemanes eran así: directos y pragmáticos. Me dijo que no me preocupara. Pero me preocupé. Vaya si lo hice. Me preocupé mucho.

Con el transcurrir de los años, esa novia se convirtió en mi esposa y esa ciudad pasó a formar parte de mi paisaje cotidiano. Hoy es mi segunda ciudad. Siempre que estoy allí ando ajetreado con mil cosas que hacer, pero pase lo que pase siempre encuentro un momento para ir al puente de Oberkassel, apoyarme en la barandilla y contemplar el Rin. Me quedo horas hipnotizado, mirando cómo esas aguas corren bajo mis pies. Al mirarlas es como si pudiera abarcar con la mirada todo el mundo germánico. Si es un día claro, incluso me parece que puedo ver en la lejanía el reflejo de la gran catedral de Colonia. Cuando estoy allí, no puedo evitar pensar que Heine echó de menos esas aguas. No puedo evitar pensar en el valor de Schumann el día que decidió tirarse al río. No puedo evitar pensar en mi altivez veinte años atrás cuando, con la inconsciencia de la juventud, llegué a pensar que *ERA un genio*, un diamante en bruto llamado a conquistar el mundo. Ahora, con la perspectiva del tiempo, me doy cuenta de que aquellos alemanes me dieron una lección de realidad. Entonces no acabé de entenderlo, pero ahora lo veo claro. Cuando hice aquellas audiciones canté mal. Muy mal. Simplemente porque no *ERA un genio*. Nunca lo he sido. Simplemente porque no ERA nadie especial ni superior. Solo era y soy una persona normal. Una persona como las demás. Una persona que, cuando hizo aquellas audiciones, no *TUVO duende*. El gran cantaor flamenco El Lebrijano dijo una vez: «Los días que canto con duende no hay quien pueda conmigo.» Yo aquellos días no *TUVE duende*. Cuando hice aquellas audiciones, mi *daimon*, espíritu divino o genio, no apareció. No vino a ayudarme. No se presentó. Simplemente no lo TUVE conmigo, como tampoco lo tuvieron todos los que, imitando a Schumann, han sido víctimas del *Werther Effect* y se han lanzado al Rin desde el puente de Oberkassel. El último, un hombre de cuarenta y cinco años, el viernes 16 de marzo de 2012, a las nueve menos cuarto de la mañana.

VIAJE

Zu Walvater,
der dich gewählt,
führ' ich dich:
nach Walhall folgst du mir!

Die Walküre (Acto II – escena IV)[18]
RICHARD WAGNER

Durante su visita oficial a Estados Unidos de América, el primer ministro de Japón, Junichiro Koizumi, dio muestras sobradas de su fervor por Elvis Presley. Primero se puso a cantar *I want you, I need you, I love you* en una entrevista en la CNN y después no dejó pasar la oportunidad de visitar Graceland, la casa donde vivió y murió el rey del rock. Acompañado por el presidente George W. Bush, Koizumi, fan incondicional de Elvis, estaba tan contento al acabar la visita que no podía disimular la alegría. Jugando con las típicas gafas de sol tipo Elvis que tenía en las manos, atendió a la prensa tarareando el estribillo de la famosa canción *The impossible dream* (*El sueño imposible*) del musical *The Man of la Mancha* (*El hombre de la Mancha*). «Mi sueño se ha hecho realidad», dijo.

Viendo la cara de felicidad de Koizumi cualquiera se daba cuenta de que para él aquello era más que una visita. Había algo más. Había algo litúrgico. Parecía como si llegar a Graceland hubiera sido el final de un viaje vital y transcendental. Un viaje que, de alguna manera, Koizumi ya había vivido interiormente muchas veces.

---

18. «Hacia el dios de los combates / que te ha elegido / te conduciré: / Al Walhall me seguirás», *La Valquiria*.

Como si fuera Junichiro Koizumi, yo también me convertí sin saberlo en un viajero. En Alemania descubrí que, igual que Elvis Presley, hay un compositor que despierta mucho más que admiración. Un compositor que despierta un fervor casi místico entre sus admiradores y que reúne cada verano a todos sus admiradores en la localidad bávara de Bayreuth.

Richard Wagner no era santo de mi devoción. No me gustaba mucho. Su música me ponía un poco nervioso. No la entendía y a veces se me hacía cansina, pesada y larga. Siempre demasiado larga. Era una música que no acababa nunca y que resultaba complicadamente indescifrable. En mi cabeza aún resonaban sus oberturas y sus coros. Aquellos que mi madre ponía en casa cuando yo era pequeño. Pero eso era todo. No había podido ir más allá.

Se acercaba el final de julio y el festival de Bayreuth estaba a punto de empezar. Confieso que cuando inicié ese viaje no tenía ni idea de lo que estaba a punto de sucederme. Igual que el personaje de Charlie Babbitt que interpreta Tom Cruise en la película *Rain Man*, no podía imaginar el verdadero sentido de viajar.

Con el agua al cuello por los problemas económicos de su negocio de importación de coches de lujo italianos a California, Charlie Babbitt recibe la noticia de que su padre, un multimillonario de Cincinnati con quien hacía años que no hablaba, ha muerto. Durante la lectura del testamento descubre que toda la fortuna del difunto es para un fideicomisario. Unos rosales y un coche, un Buick Roadmaster descapotable de 1949, es todo lo que le corresponde. Entre desilusionado y enfadado, coge el Buick, el automóvil que años atrás provocó los desacuerdos entre padre e hijo, y descubre que el fideicomisario de la fortuna de tres millones de dólares es una institución mental donde vive su hermano Raymond. Un hermano autista, con el síndrome del sabio, que Charlie no sabía que tenía. «¿Por qué nadie me dijo que tenía un hermano?», pregunta insistentemente. Sin obtener respuesta, decide coger (*secuestrar*) a su hermano y llevárselo con él a Los Ángeles con la intención de reclamar la mitad del dinero de la herencia: un millón y medio de dólares. El dinero que, según él, le toca y que le irá de perlas para pagar a sus acreedores y vivir tranquilo. Con el dinero en la cabeza como única obsesión, inicia el viaje.

Rin arriba. Así empezó mi viaje. Dejé Düsseldorf atrás, atravesé Leverkusen, Colonia, Bonn... Navegando por el río empecé a leer y familiarizarme con todas las leyendas del Rin que Wagner había inmortalizado en sus dramas musicales: las hijas del Rin y el oro rojo que custodiaban, el anillo de poder forjado con ese oro, las valquirias, los gigantes, los enanos, las tres Nornas, los Velsas y Siegfried, el héroe romántico por antonomasia que también en un momento de sus aventuras navega río arriba en su barca. Precisamente al sur de Bonn, la ciudad que vio nacer a Beethoven, el río llega a la famosísima Drachenfels (la roca del dragón) donde, según la leyenda, Siegfried dio muerte al dragón que custodiaba el anillo mágico de poder. Después de matarlo se bañó en su sangre. Al probarla, adquirió inmediatamente la capacidad de comprender el canto de los pájaros. Tuvo suficiente con una sola gota de sangre del dragón para comprender lo que le decían los pájaros. Yo no. Escuchaba y escuchaba y volvía a escuchar la música de Wagner, pero me costaba mucho comprenderla. En ese río en el que Wagner estaba omnipresente, hacía esfuerzos para intentar entender algo de todo aquel mamotreto musical wagneriano, pero no lo lograba.

Llegué al tramo que se conoce con el nombre de Rin romántico. Se trata de una zona que hay entre Coblenza y Maguncia. Un tramo de poco más de ochenta kilómetros que recorre el valle más legendario de Alemania en el corazón del antiguo Sacro Imperio Romano Germánico. Ochenta kilómetros enrevesados en los que el río gira y vuelve a girar entre meandros, desfiladeros, gargantas y precipicios coronados por una treintena de castillos. Escritores de todo el mundo han tratado de captar la esencia de ese lugar. Victor Hugo dijo, en 1838: «El Rin lo tiene todo. Es sinuoso como el Sena, histórico como el Tíber, real como el Danubio y está lleno de fantasmas y leyendas como un río de Asia.» Castillos y castillos repletos de leyendas a lado y lado del río convierten el viaje en un sueño. Imaginé que tal vez alguno de estos castillos podría ser el mítico Walhall. El castillo que Wagner describe un su tetralogía de *El anillo del Nibelungo* como el lugar en el que vivían los dioses nórdicos. El castillo desde el que los dioses germánicos regían el destino del mundo. Pero no. Ninguno de esos castillos medievales se relacionaba con la legendaria residencia de los dioses. Ninguno. Había uno, sin embargo, que explicaba la preciosa leyenda de la sirena Loreley y su amante. La leyenda de la sirena que, traicionada por su amante, se quitó la vida tirándose al río desde uno de esos precipicios. La sirena que, llena de rencor hacia los hombres, aparecía, después de muerta, sobre un cerro mientras se peinaba sus larguísimos cabellos dorados y cantaba hipnóticas canciones con su bellísima voz. Gracias a sus melodías captaba la atención de los marineros que, seducidos por su voz, perdían el control de los barcos y se hundían entre las rocas que sobresalen del lecho del río. Una leyenda que han versificado muchos poetas alemanes (Bertrano, Heine, Von Eichendorff, Holz, Kästner...), que han hallado la inspiración en la bella sirena de cabellos dorados y voz encantadora. Poemas que se han hecho tan famosos y que se han integrado tanto en el imaginario colectivo alemán que una infinidad de músicos en una infinidad de ocasiones los han musicado.

Más de tres mil quinientos kilómetros separan Ohio de California. Un trayecto demasiado largo para hacerlo en coche. Pero Raymond es un autista con miedo a volar. Con las habilidades matemáticas propias del síndrome del sabio abruma a Charlie con los datos de los accidentes que han tenido todas las compañías aéreas que vuelan a Los Ángeles: Continental, Delta, American... Se niega a subir al avión, así que no queda otro remedio que viajar en coche. No queda otro remedio que confiar en la potencia de los ocho cilindros del motor Fireball del Buick del 49. Un vuelo de tres horas se convierte, de golpe, en un viaje de más de tres días.

Los motores del barco, que rugían y luchaban contra la fuerte corriente del río, nos llevaron hasta Mannheim, una ciudad relacionada como pocas con el nombre de Mozart. Allí conocí a mi primer wagneriano alemán. Ya había conocido a otros en Barcelona, pero... no eran exactamente lo mismo. Aquel era un auténtico wagneriano alemán. Uno de aquellos fans de Wagner que lo saben todo (absolutamente todo) sobre su ídolo. Uno de aquellos fans que, como si se tratara del canto de Loreley, estaba tan seducido por la música de Wagner que casi no podía escuchar otras músicas. Cuando le comuniqué que iba camino de Bayreuth, se emocionó. Me tomó del brazo y empezó a aleccionarme. Fue una de las personas que más me ayudó a entender el misterio de Wagner. Me enseñó el camino para escuchar su música. Me enseñó la manera de disfrutarla. Estaba tan empeñado en enseñármelo todo sobre su ídolo que me regaló la tetralogía de *El anillo del Nibelungo* en cintas de casete. En total, quince cintas de casete.

«Si Wagner no te gusta, tienes un problema. Si no te gusta, el problema es tuyo, no de Wagner.» Con estas palabras me despidió. Un poco exagerado, pero los wagnerianos son así. Son diferentes. Rezuman dosis industriales de autosuficiencia y de autoconfianza. Y es que Wagner provoca una especie de atracción difícil de describir. Cuando entras en su mundo ya no puedes salir. Una vez dentro del mundo wagneriano parece como si todo lo demás desapareciera. De hecho, Wagner es como uno de aquellos agujeros negros que Stephen W. Hawking describe en su libro *Historia del tiempo*. Un agujero negro con una concentración de materia de tan altísima densidad y una fuerza gravitatoria tan elevada que nada que se encuentre en su horizonte de acontecimientos puede escaparse de él. Si te acercas a un agujero negro, te acaba absorbiendo. Si te acercas a Wagner, también. Su discurso musical tiene tanta densidad que, a su lado, parece como si las demás músicas fueran banales y carecieran de importancia. Desde aquel primer viaje a Alemania he conocido a muchos wagnerianos que, absortos por la potencia de su música, parecen despreciar al resto de compositores. Casi todos ellos padecen lo que se conoce con el nombre de *malus germanicus*. Se trata de una *enfermedad* que un tal Mariano Vergara describió irónicamente en una especie de crítica musical satírica publicada en

Madrid en 1894. Un divertido opúsculo que recoge mi querido doctor Roger Alier en el divertido libro *Sotto voce* y que se subtitula *De las enfermedades wagnerianas, de su tratamiento y de su curación*:

El mal wagneriano o mal alemán (*malus germanicus*) nació en Alemania hace unos cuarenta años. [...] Sábese que las enfermedades wagnerianas reconocen por causa el abuso del licor tóxico inventado por Ricardo Wagner y conocido vulgarmente con el nombre de Wagneriana. [...] Cierto que los primeros frascos de Wagneriana importados en Francia con las etiquetas «Tannhäuser» y «Lohengrin» eran relativamente inofensivos y que, sin gran peligro, podía hacerse de ellos diario consumo. Pero poco después vinieron sucesivamente el elixir tetralógico, las cápsulas opiadas de Tristán y, por fin, el más terrible de todos esos venenos, la Parsifalina, de la cual bastan algunas gotas para desconcentrar los cerebros mejor equilibrados.

Para curar estos males wagnerianos, el autor propone «emplastos de Mozart sobre el estómago» o «cataplasmas de harina de Massenet en el abdomen» o «fricciones con bálsamo de Bach o Händel», aunque advierte que:

La Wagneritis, sobre todo en estado agudo, resiste a todo tratamiento. El abuso diario del elixir tetralógico, de las pastillas de Tristán y de la Parsifalina produce fatalmente locura furiosa contra la cual no existen más recursos extremos que las duchas heladas y la camisa de fuerza...

Dejando de lado la brillante ironía de estas palabras que, por otra parte, no me parecen tan desacertadas, cabe decir que la música de Wagner no deja indiferente a nadie. Su música gusta o no gusta. No hay término medio. Su mensaje y su forma de transmitirlo musicalmente provocaron en el siglo XIX, y aún hoy, discusiones entre sus partidarios y sus detractores. Sobre su música se han pronunciado frases brillantes, tanto en contra como a favor. Siguiendo con el tono irónico de las enfermedades wagnerianas, hay frases míticas que vale la pena repasar. Frases como la del periodista estadounidense Edgar Wilson Nye cuando afirmó: «La música de Wagner es mejor de lo que suena»; o la de Oscar Wilde cuando escribe, en su novela *The Picture of Dorian Gray* (*El retrato de Dorian Gray*): «Me gusta la música de Wagner más que ninguna. Suena siempre tan fuerte que puedo hablar todo el rato sin que nadie pueda oír lo que digo, y eso es una gran ventaja.» También Woody Allen nos dejó una frase inolvidable en su película *Manhattan murder mystery* (*Misterioso asesinato en Manhattan*) en la escena en que, cuando sale escarmentado de la ópera a media función, se disculpa diciéndole a su mujer: «No puedo escuchar tanto de Wagner, ¿sabes? ¡Me entran ganas de invadir Polonia!» Este supuesto ruido deforme y carente de melodía que provoca la música wagneriana sirvió a mi admirado Rossini para dejar constancia de su gran imaginación. La cosa fue más o menos así: unos amigos llevaron a Rossini una partitura del *Tannhäuser* de Wagner para que les diera su opinión. Él, impasible, tomó la partitura, la puso al revés sobre el atril del piano y empezó a tocarla. Cuando alguien le advirtió a Rossini que la partitura estaba al revés, él respondió sin inmutarse: «No importa. Esta música se puede tocar tanto del derecho como del revés y siempre suena igual».

Por otro lado, en cambio, existen todos los partidarios de la música wagneriana. Todos sus partidarios. Como, por ejemplo, Gustav Mahler, un músico imprescindible que se permitió la siguiente frase lapidaria: «Están Beethoven y Richard, y después de ellos... nadie».

Mientras el Buick devora kilómetros en dirección a la costa oeste, Charlie empieza a conocer al hermano que nunca había tenido. El trastorno que sufre le hace ser poco sociable, poco comunicativo y poco dispuesto a las relaciones emocionales. Solo las rutinas parecen estabilizar el comportamiento de Raymond: comprar la ropa interior en el K-Mart de la calle Oak de Cincinnati, comer a las doce y media, ver sus programas de televisión preferidos a las horas exactas, beber directamente de la lata con una pajita, cenar a las seis y media, irse a dormir a las once o tener la cama junto a la ventana. Atrapados en un motel de Missouri, porque cuando llueve Raymond sencillamente no sale, Charlie empieza a establecer una relación frágil pero segura con su hermano mayor. Empieza a entenderlo, empieza a apreciarlo, empieza a quererlo.

Mi viaje también avanzaba y, como si no hubiera alternativa, cada día que pasaba me encontraba más cerca de Wagner. Empezaba a entenderlo. Empezaba a apreciarlo, incluso empezaba a quererlo. Stephen W. Hawking parecía tener razón. El agujero negro me estaba absorbiendo. Me encontraba atrapado en una especie de viaje sin retorno. Un viaje iniciático a Bayreuth con un único destino posible: Richard Wagner.

Dejé el Rin atrás y empecé a navegar hacia el este por el Danubio. Otro río lleno de música que poco a poco me llevó hasta el estado libre de Baviera. El Rin con todos sus castillos me había negado el Walhall, pero el Danubio tenía una sorpresa preparada para mí.

En un otero, no muy lejos de la ciudad de Ratisbona, se alza un templo al lado del Danubio. Una magnífica construcción edificada durante los años treinta y cuarenta del siglo XIX por orden del rey Luis I de Baviera. Un templo construido para revestir de más esplendor la victoria de los germánicos sobre Napoleón y para enaltecer y acoger a todas la personalidades de la política, la cultura y la ciencia en lengua alemana. El templo, de estilo neoclásico, recuerda al Partenón de Atenas y, dentro, en la magnífica sala principal, hay sesenta y cinco placas y ciento treinta bustos que recuerdan todas las grandes personalidades del mundo germánico. Allí está todo el mundo. Cualquier personalidad de habla alemana que pueda imaginarse, está allí representada. Se trata de un lugar en el que no falta ningún *dios* alemán. Supongo que por este motivo, el rey Luis I decidió bautizar el templo con el nombre de Walhall. Un nombre muy adecuado. Sin duda, el nombre más adecuado posible.

Entré y fui observando uno a uno todos los bustos alienados en las paredes. Una personalidad tras otra. Pero, de entre todos los bustos que iba recorriendo con la mirada, uno me llamó la atención: el de Richard Wagner. Hacía unos días que estaba escuchando su música y me adentraba en su mundo, y, verlo allí, al lado de mi querido

Beethoven, me causó una fuerte impresión. Wagner, el hombre que en su tetralogía de *El anillo del Nibelungo* había inmortalizado musicalmente el Walhall mitológico, se encontraba ahora dentro de otro Walhall. Uno real, junto al Danubio. Todo en conjunto era como una paradoja difícil de explicar. Wagner nos había mostrado un Walhall legendario repleto de dioses y héroes mitológicos en sus dramas musicales y, ahora, él mismo se encontraba dentro de otro Walhall rodeado por otros *dioses* y *héroes*. Unos que eran reales.

Mi camino estaba llegando a su fin. Sentía que Bayreuth estaba muy cerca. Desembarcamos y en coche nos dirigimos hacia el norte para recorrer los últimos kilómetros que nos separaban de la ciudad prometida. Cogí la salida correspondiente de la autopista y entré en Bayreuth. Después de pasar por Wahnfried, la casa donde vivió Wagner, torcí a la derecha para subir por el paseo que lleva el nombre del hijo del compositor. Al final del paseo pude ver por primera vez el Festspielhaus: el teatro que Wagner hizo construir en esa pequeña localidad bávara para representar sus obras de acuerdo con su ideal artístico. El lugar donde acababa mi viaje.

La revolución de Wagner fue más allá de su discurso musical ininterrumpido, hilvanado con *Leitmotive*. Su revolución también afectó al teatro, la forma cómo se representaba y la manera en que el público debía asistir. Por eso, para lograr plasmar ese ideal, necesitó un teatro propio totalmente nuevo. Un teatro financiado por su mayor admirador y mecenas: el rey Luis II de Baviera (nieto de Luis I). Wagner quería que el público que asistiera a las representaciones de sus óperas no fuera a pasar el rato, a charlar, a hacer negocios o a entablar relaciones sociales, como muchas veces ocurría hasta aquel momento. No. Wagner, paradigma del artista romántico, sublimación y encarnación del genio creador, quería que el público captara el mensaje de sus dramas musicales. Quería que la gente estuviera atenta a lo que ocurría sobre el escenario y eso llevó a cabo algunas innovaciones.

Construyó un teatro de acuerdo con el estilo griego. Es decir, sin los pisos ni los palcos típicos de los teatros italianos. Quería que todo el mundo estuviera en un mismo plano, sin las separaciones sociales propias de los teatros de herradura a la italiana. Con esta platea de tipo griego, también pretendía que el espectador quedara encarado hacia el escenario y concentrado en él. Por esto concibió que la platea se iría estrechando con diferentes bocas a medida que fuera aproximándose al proscenio. Así, el espectador se vería obligado a focalizar su mirada siempre en el escenario. Y, para que nada pudiera distraerlo, creó el foso. Es decir, hundió a los músicos de la orquesta para que fueran totalmente invisibles para el público. De esta manera, nada, absolutamente nada, se interponía entre el auditorio y el escenario. Para evitar el parloteo y las relaciones sociales suprimió todos los pasillos entre los asientos, hizo accesos laterales individuales para cada hilera de asientos y prohibió la entrada y la salida mientras el espectáculo estuviera en marcha.

Hoy en día, todos tenemos estas innovaciones totalmente asumidas. Sabemos que si llegamos tarde no nos dejarán entrar en la sala y que, cuando accedamos a ella, deberemos permanecer en silencio por respeto a los artistas y al resto del público. Pero, en la época en que Wagner impuso estas medidas, cuando se inauguró el Festival de Bayreuth el 13, 14, 15 y 16 de agosto de 1876 con las cuatro óperas de la tetralogía, fueron una auténtica revolución. Hay que tener en cuenta que hasta aquel momento el público estaba acostumbrado a que las luces de la sala estuvieran siempre encendidas durante la representación. La gente entraba y salía cuando quería; hablaban, comían, jugaban a cartas e incluso, los más atrevidos, practicaban sexo (supongo) en algún antepalco mientras se representaba el espectáculo. La orquesta se veía muy bien al pie de la platea y los músicos se iban a comer algo, al lavabo o simplemente a descansar cuando había un rato en el que no tenían que tocar. Todo el mundo sabe que los asientos que Wagner diseñó para el teatro de Bayreuth son especialmente incómodos. Hechos de madera, son estrechos y con un respaldo que solo llega hasta los riñones. No tienen reposabrazos y prácticamente no hay espacio entre las hileras para estirar las piernas. No conozco la razón real por la que Wagner diseñó estos asientos tan incómodos, pero cuando me lo preguntan, he inventado una respuesta ad hoc que siempre tiene éxito. Según mi argumentación, Wagner hizo los asientos incómodos para que el público no se durmiera. Como no estaba habituado a óperas tan largas, ni a que las luces estuvieran apagadas durante la representación... Siempre he pensado que Wagner tenía miedo de que el público se durmiera. Su solución: asientos muy incómodos que imposibilitaran una siesta. De hecho, los asientos son tan incómodos que casi todos los que asisten al Festival de Bayreuth se llevan cojines de casa. Yo, personalmente, siempre llevo dos: uno para el culo y otro para la espalda. De otra forma, la función se convierte en una prueba física difícil de superar.

Finalmente, llegaron las cuatro de la tarde. La hora a la que comienzan las representaciones del *Festspielhaus* de Bayreuth. Accedí al teatro con mis cojines y me acomodé tan bien como pude. Sentado en uno de aquellos asientos tan incómodos, vi por primera vez con mis propios ojos cómo los dioses germánicos pisaban el escenario con paso firme, mientras las puertas del Walhall se abrían para acogerlos en un maravilloso Re bemol Mayor.

Después de pasar por Las Vegas y aprovechar las increíbles habilidades matemáticas de Raymond para contar cartas al Blackjack, los hermanos llegan a Los Ángeles. Han pasado unos cuantos días juntos y ya nada es igual. Todo ha cambiado. Charlie, ese joven preocupado solo por el dinero, ha olvidado el rencor por una herencia injusta. Solo quiere estar con su hermano. Solo quiere recuperar todo el tiempo que no ha podido estar con él. Quiere la custodia de Raymond. Quiere estar con él, ocuparse de él y quererlo.

Desde aquella primera vez en Bayreuth siempre he tenido la sensación de que el público que asiste al festival lo hace de una manera diferente. Su actitud tiene algo de especial. Algo interior. El público se acerca al teatro creado por Wagner buscando la verdad artística del ideal wagneriano. Una vez allí, entra y escucha los dramas musicales de Richard Wagner como si estuviera delante de una experiencia mística que revela una verdad superior.

Como si fuera Charlie Babbitt, yo también había cambiado.

Todo aquel trayecto, todo aquel recorrido, todo aquel viaje me había servido para mirarme por dentro y hacerme querer la música wagneriana. Ahora entendía por qué el primer ministro japonés Junichiro Koizumi estaba tan contento después de visitar Graceland.

Charlie no se puede quedar con su hermano. Los psiquiatras dictaminan que por las condiciones especiales que Raymond necesita para vivir no es aconsejable que permanezca en Los Ángeles. Es preciso que vuelva a la institución mental de Wallbrook, Cincinnati. Pero, antes de irse, el hombre que no puede relacionarse y que no sabe expresar sus sentimientos, le hace un inmenso regalo a su hermano pequeño: «*Charlie, my main man*» («Charlie, mi mejor amigo»), le dice. Y, por primera vez, el hermano pequeño puede, cargado de emoción, acariciarle y darle un beso. Charlie le promete ir a verlo muy pronto, al cabo de dos semanas.

—¿Cuántos días son? —pregunta Charlie.
—Catorce desde hoy, hoy es miércoles —se apresura a decir Raymond.
—Y, ¿cuántas horas?
—366 horas.
—¡Qué raro!
—Sí, son 20.160 minutos y 1.209.600 segundos.

Como si fuera Raymond, yo también cuento los días, las horas, los minutos y los segundos que me quedan para volver a Bayreuth cada verano. Y es que gracias a esa aventura por el Rin, el Danubio y el Walhall, aprendí, igual que Charlie Babbitt, que viajar es mucho más que ir de un lugar a otro. Con la guía de Richard Wagner, aprendí el significado del Viaje en mayúsculas. Él y su música me enseñaron aquello que un día dijo uno de los más grandes poetas en lengua alemana, Rainer Maria Rilke: «*Die einzige Reise ist die Reise ins Innere*» («El único viaje es el viaje interior»).

PASIÓN

«...»

Giuseppe Verdi

Cuando te das cuenta de que la ópera y el fútbol se pueden vivir más o menos de la misma forma, ya nunca nada vuelve a ser como antes. La ópera se convierte, para siempre, en otra cosa: pura pasión. Comentar el aria del tenor como si fuera una jugada de gol del extremo derecho, o el dueto entre la soprano y el barítono como una pifia monumental del portero, fue lo que descubrí cuando llegué a la capital de Emilia-Romaña por primera vez. En Parma se respira ópera por todas partes. Todo el mundo sabe de ópera. Todo el mundo sabe mucho de ópera. Todos son auténticos *tifosi*, especialmente de las óperas de Verdi. Para ellos, y para mí también, Verdi es un dios. El dios italiano que nació a pocos kilómetros de allí. En la pequeñísima localidad de Le Roncole, del municipio de Busseto, el 10 de octubre de 1813.

El teatro Regio de Parma es el estadio de Wembley verdiano. Todos los grandes cantantes verdianos deben pasar por allí antes o después para recibir la aprobación o desaprobación de los *tifosi*. Triunfar en Parma cantando a Verdi es un salvoconducto para cantar a Verdi en cualquier parte. Fracasar en Parma cantando a Verdi es un grave problema. A los parmesanos no les gusta dar segundas oportunidades. Su veredicto es implacable. Son ellos quienes tienen la llave del éxito de un cantante verdiano, porque ellos se consideran los más expertos y entendidos en todo lo que concierne a la pasión por Verdi.

Me compré una entrada del gallinero (lo que los italianos llaman la *galleria*) para ir a ver *Il trovatore*. Una ópera dificilísima, incluso para los mejores cantantes verdianos. Ya lo decía Toscanini: «Para interpretar *Il trovatore* se necesitan las cuatro mejores voces del mundo.» Fue una experiencia inolvidable. La alineación era de lujo:

Il conte di Luna: Leo Nucci
Leonora: Raina Kabaivanska
Azucena: Bruna Baglioni
Manrico: Nicola Martinucci

El ambiente era increíble. Todo muy intenso y lleno de pasión. Exactamente como si fuera un partido de fútbol. Antes de comenzar, el público iba llegando y comentaba la previa: «El delantero centro es un buen rematador, pero tiene una mala racha. Falla demasiados agudos»; «Esta ópera necesita un medio creativo que sepa repartir juego en el terceto del primer acto»; «En los concertantes irá muy bien este central tan contundente»; «Espero que el entrenador sepa leer la función y que acierte con los cambios para que la orquesta no se desequilibre con lo que pasa en el campo...»

Después del aria de la soprano del primer acto, *Tacea la notte placida*, el público empezó a aplaudir y gritar *Brava! Brava! Brava!* como nunca había visto. No se trataba de que gritara o aplaudiera con mayor o menor fuerza. No. Era otra cosa. Los aplausos y los gritos tenían un regusto diferente. Fue como si Koeman acabara de marcar en Wembley su inolvidable gol de falta en el minuto 111 del partido, ya en la prórroga. Ese gol que dio la primera copa de Europa al Barça. Fue más o menos lo mismo. Un estallido de euforia sin límites. Parecía que se fuera a hundir el teatro. Incluso en algún momento me asusté, pero el *tifoso* de mi derecha me tranquilizó: «Tranquilo, aquí los partidos los vivimos así desde que se inauguró este teatro, en 1829».

Junto a los *tifosi* del teatro Regio de Parma me empapé de esa especie de pasión desaforada que desprendían los parmesanos. Comprendí que el arte es mejor, mucho mejor, si se vive con pasión. Al menos, con la misma pasión que pusieron los grandes creadores. Imagino a Verdi, Miguel Ángel, Bernini, Tiziano o Caravaggio en estado de éxtasis durante el proceso creativo. Me los imagino creando sus obras mientras sudan, sufren, recuerdan, ríen, disfrutan, sueñan, piensan, luchan, cantan... Siempre he pensado que estos hombres, que nos dejaron este inmenso legado artístico, se merecen toda nuestra pasión.

Verdi en Italia es más que un compositor. Es un símbolo de conciencia nacional y de unidad. Un hombre que aglutinó los sentimientos de todos los italianos. Al morir, el poeta Gabriele D'Annunzio lo expresó perfectamente con estas palabras:

Diede una voce alle speranze e ai lutti.
Pianse ed amò per tutti.[19]

Pero este Verdi tan emblemático y querido, este hombre que se ha convertido en una de las figuras fundamentales de la historia de la ópera, no tuvo unos inicios fáciles. Más bien al contrario. El prestigioso conservatorio de Milán, que curiosamente hoy lleva su nombre, lo rechazó cuando intentó ingresar en él. Después de un breve examen, no fue admitido. Los examinadores esgrimieron diferentes razones; el conservatorio se encontraba en el reino lombardo-véneto, y Verdi provenía del ducado de Parma y, por lo tanto, era un *extranjero*; al parecer, todas las plazas ya estaban ocupadas; la edad máxima para ser admitido eran catorce años, y él tenía dieciocho; finalmente, según la opinión del profesor Angeleri, a su edad sería prácticamente imposible corregirle la mala posición de las manos en el piano.

Años más tarde, al final de su vida, cuando el ministro de Educación le envió un telegrama para comunicarle que según un decreto ley, a partir de ese momento el conservatorio de Milán se llamaría conservatorio Giuseppe Verdi, el compositor refunfuñó y respon-

---

19. «Dio una voz a la esperanza y al duelo. / Lloró y amó por todos.»

dió: «¿Qué tengo yo que ver con el conservatorio de Milán? No me quisieron cuando era joven, y ahora que soy viejo no quiero entrar para nada. Déjenme morir tranquilo.» Parece ser, sin embargo, que al menos dos de los examinadores, el profesor de contrapunto, Piantanida, y el director de la Scala, Alessandro Rolla, después de estudiar la composición que presentó en el examen, le animaron a intentar estudiar composición fuera del conservatorio. Verdi no se rindió y apeló a una de sus mejores virtudes: la constancia. Siguió. No desfalleció. Decidió hacer todo lo que fuera necesario para tirar adelante. Lo más normal hubiera sido, como él mismo dijo, «dejarlo correr todo y volver a Busseto.» Pero no. Verdi creyó en sí mismo y en sus posibilidades.

Después de mis audiciones fallidas en Alemania, la constancia, la determinación y la autoconfianza de Verdi, junto con la pasión que rezuma su música y que se podía respirar en cada esquina de Parma, me inspiró. Por un momento, el cálculo alemán, frío y racional, me había hecho dudar de mis posibilidades. Pero ahora, rodeado de italianos que discutían el resultado de la función de *Il trovatore* como si fuera la final de la Champions League, me veía con las fuerzas renovadas. Me encontraba en mi elemento y borré las dudas de mi cabeza recordando las palabras de Vincent van Gogh: «Si sientes una voz interior que te dice "No pintes", entonces pinta con todas tus fuerzas y verás cómo se silencia la voz».

El nombre de Verdi resonaba en mi cabeza. Recordaba haber leído estas palabras de Azorín: «Hay que visitar las casas donde ha vivido un genio.» Dicho y hecho. Cogí el coche y conduje hasta Sant'Agata di Villanova sull'Arda, cerca de Busseto, donde se encuentra la Villa Verdi. La casa que se construyó, donde vivió gran parte de su vida y donde compuso gran parte de sus obras maestras. La casa, admirablemente cuidada de acuerdo con el testamento de Verdi, se mantiene exactamente igual que en vida del compositor. Su habitación es un templo presidido por el escritorio en el que componía. Su amplísima biblioteca está presidida por las ediciones completas de los tríos, los cuartetos y los quintetos de Haydn, Mozart y

Beethoven. También se encuentran algunas obras de Bach, como *El clave bien temperado* o los grandes oratorios de Händel. No faltan las obras de los grandes compositores de la tradición italiana como Palestrina, Corelli, Marcello o Cherubini, ni tampoco algunas obras de coetáneos alemanes como Wagner, Schubert o Brahms. Al lado está su gran piano de cola Érard. Emociona pensar que en aquel teclado Verdi hizo sonar por primera vez sus creaciones. En aquel teclado, ahora convenientemente protegido para evitar a los visitantes la tentación de tocarlo, Verdi interpretó su maravillosa música con sus propias manos. Las mismas manos que los examinadores del conservatorio de Milán habían desaprobado unos años atrás.

Después de pasearme por el maravilloso jardín, encontré, al lado de la casa, un banco protegido por la sombra de un inmenso plátano. Era verano, hacía mucho calor y me senté. Entonces me sentí como el gran castrato Caffarelli cuando estrenó en Londres la famosísima aria de la ópera *Serse* de Händel. Un aria en la cual Serse, el protagonista, canta las delicias que le proporciona la sombra de este árbol.

Ombra mai fu
di vegetabile,
cara ed amabile,
soave più.[20]

La sombra me ayudó, igual que a Serse, a pensar con más claridad. Verdi era un compositor que nunca dejaba de sorprenderme. Verdi era muchas cosas, pero sobre todo me seducía su humanidad. Verdi siempre es extraordinariamente humano. Por eso, siempre será actual. Sus personajes expresan de una manera inmejorable los sentimientos y las pasiones que nos caracterizan como humanos. El director de orquesta Riccardo Muti incluso asegura que en el futuro la humanidad tendrá más necesidad de Verdi que de Wagner. Tal vez sí,

20. «Nunca la sombra / de un árbol / fue más suave, / apreciada y amable.»

¿quién sabe? Según Muti, el retrato humano de los personajes de Verdi nos mantiene siempre en contacto con nuestra condición humana. Ya lo dijo Bizet en una de sus cartas: «Verdi tiene estallidos de una pasión maravillosa. Su pasión incluso puede llegar a ser brutal. Es cierto. ¡Pero es mejor ser apasionado de esta forma que no serlo!»

Todos los personajes de Verdi actúan según sus pasiones:

- Las ganas de amar de Violeta (*La traviata*)
- Los celos de Otello
- El odio de Yago (*Otello*)
- El anhelo de libertad de los esclavos hebreos (*Nabucco*)
- El amor secreto de Aida
- La *joie de vivre* de Falstaff
- Los remordimientos de Macbeth
- La obsesión por el poder de lady Macbeth
- El deseo del emperador Carlos de España (*Ernani*)
- El amor a la patria de Odabella (*Attila*)
- La lujuria del duque de Mantua (*Rigoletto*)
- ...

Pasiones, pasiones y más pasiones. No siempre positivas, pero siempre decisivas. Siempre pasiones a lo largo de las veintiocho óperas que compuso. Pero lo más maravilloso de todo es que todos estos personajes que se mueven gracias a sus pasiones nunca pronuncian la palabra *passione*. Nunca. En ningún momento de las veintiocho óperas. Increíble. Verdi es tan grande que no le hace falta que sus personajes hablen de sus pasiones. Es su música la que se encarga de hacerlo.

Allí, en aquel momento, sentado a la sombra del plátano, pensé que valdría la pena vivir la vida con toda la pasión de la que fuera capaz. ¿Por qué no vivir la vida como si fuera un personaje de Verdi? Uno que estuviera cargado de pasiones positivas y de optimismo. Uno con suficiente fuerza como para seguir siempre adelante. Uno con una autoconfianza indestructible. Uno capaz de creer que el futuro siempre será mejor. Uno que creyera que, a pesar de haber fallado, puede conseguirlo.

Exactamente igual que el gran tenor italiano Franco Bonisolli cuando cantó *Il trovatore* en el Liceo. Aquel día, después de haber cantado maravillosamente bien durante toda la función, llegó la escena final del tercer acto donde el tenor canta el aria *Ah sì, ben mio* y la celebérrima cabaletta *Di quella pira* con el famoso y difícil Do de pecho final que Verdi nunca escribió, pero que la tradición obliga a todos los tenores a cantar. Bonisolli cantó brillantemente toda la escena, pero cuando llegó al agudo final solo pudo emitir una especie de gallo desgarrado. El público, agradeciendo y valorando la prestación global del cantante, aplaudió mientras Bonisolli iba gesticulando diciendo que no con la mano. Hacía señales al director de orquesta para retomar el fragmento, pero el telón bajó y los músicos abandonaron el foso. De repente, el telón volvió a subir y apareció Bonisolli en el centro del escenario. Abrió la boca y emitió un Do de pecho majestuoso. El público, atónito, estalló en una inmensa ovación.

Un suceso como este solo puede ocurrir en una ópera italiana con un tenor italiano. Sin duda se precisa mucha autoconfianza para hacer algo parecido. Mucha. Bonisolli creyó en sus posibilidades de la misma forma en que Verdi hizo más de ciento cincuenta años atrás. Los dos recibieron un revés y los dos se impusieron. La constancia y la pasión por lo que hacían los salvó. Como dijo el político Giuseppe Mazzini que, como Verdi, fue clave en la unificación de Italia: «La constancia es el complemento indispensable de todas las otras virtudes humanas».

Verdi es un ejemplo total de constancia. Hombre firme, honesto y luchador. No solo se sobrepuso al rechazo del conservatorio. Tampoco desfalleció cuando, justo al empezar su carrera, murieron sus dos hijos y su mujer Margherita, o cuando se produjo el fracaso más absoluto de su segunda ópera, *Un giorno di regno*. No. No tiró la toalla. Por supuesto que en algún momento pensó en volver a Busseto y abandonar. Pero su pasión era la música. Había venido al mundo para hacer música y, finalmente, Milán, Italia y el mundo entero, caerían a sus pies después del estreno de *Nabucco* el año 1842.

La tarde había avanzado, el sol caía y la sombra del plátano se había alargado hasta la fachada lateral de la casa. Justo donde está la habitación de Verdi. Había pasado toda la tarde sentado en ese estado entre la vigilia y el sueño. Y, como si fuera el personaje de Ford en *Falstaff*, última ópera de Verdi, me pregunté, «*è sogno o realtà?*». No sabía si había estado despierto o dormido. Pero al levantarme era otra persona. De alguna manera me había convertido en un personaje de una ópera de Verdi. En uno decidido, constante y, sobre todo, pasional. No había vuelta atrás. Porque solo las pasiones pueden elevar el alma humana para hacer grandes cosas. Porque nada grande se ha conseguido en el mundo sin pasión.

Al día siguiente regresé a Parma y la gente aún seguía hablando del resultado de *Il trovatore*. En cada bar, en cada esquina había una tertulia sobre el partido. La opinión mayoritaria era que la soprano había ganado por goleada y que sería difícil volver a ver un encuentro como aquel. Todo en general, muy italiano. Verdaderos apasionados amantes del arte y de Verdi. Todos vivían el arte de manera visceral, desde dentro, desde el estómago. Al verlos pensé que eran dignos *tifosi* del Verdi que dijo: «Adoro el arte. Cuando estoy solo con mis notas, el corazón me late más rápido y me caen lágrimas de los ojos».

Viendo a todos aquellos parmesanos discutiendo sobre Verdi y su música, pensé que tendría que haber algo en el código genético de esa gente que les hacía ser de aquella manera. Era un comportamiento directo, espontáneo y sincero. Exactamente igual que el que había tenido un todavía joven Arturo Toscanini cuando después de ver el estreno de *Otello*, la penúltima ópera de Verdi, en la Scala de Milán, el 5 de febrero de 1887, volvió a casa corriendo, sacó a su madre de la cama, la obligó a arrodillarse y a repetir con él: «¡Viva Verdi!».

Toscanini, que con el tiempo se convertiría en el director de orquesta más influyente de su época, también quedó cautivado por la pasión que contagiaba la música de Verdi. Pero tal vez hubiera obligado a su madre a que gritara aún con más fuerza si hubiera sabido que el mismo Verdi, con setenta y tres años, dirigió personalmente todos los ensayos de la obra. Cada día asistía a la Scala, ensayaba con los cantantes y discutía con ellos las interpretaciones. En esos ensayos, descontento por el modo poco creíble en que el legendario tenor Francesco Tamagno, que interpretaba a Otello, se quitaba la vida con el puñal, el mismo compositor le cogió el puñal y le enseñó cómo tenía que hacerlo. Verdi cantó toda la escena y al final se suicidó con tanta verosimilitud que acabó rodando por el suelo. A todos les dio un vuelco el corazón pensando que podía haberse hecho daño. En la platea, medio escondidos, porque Verdi no quería a nadie en los ensayos, estaban el editor Giulio Ricordi y el libretista Arrigo Boito. Al ver caer al compositor, los dos saltaron alarmados de sus asientos. Pero, como si no hubiera pasado nada, Verdi se levantó y ordenó a Tamagno que continuara con el ensayo. Ricordi, todavía con el susto en el cuerpo, dijo: «Es un milagro que, a su edad, no se haya hecho daño.» Boito, sonriendo, replicó: «El milagro es que con setenta y tres años pueda escribir esta música.» La música de la pasión.

Durante aquellos días aprendí a amar más a Verdi. A cambio, él me enseñó el camino de la constancia y la autoconfianza, y me mostró que solo las pasiones pueden elevar el alma humana para hacer grandes cosas. Federico Fellini dijo una vez: «No hay principio, no hay final, solo hay pasión por la vida.» Exacto. Sin pasión no se ha conseguido nada grande en el mundo. Por lo tanto, no podía desfallecer. Tenía que seguir estudiando. Tenía que aprender a cantar mejor. No sabía si lo lograría, pero lo intentaría con todas mis fuerzas. Como dijo Pep Guardiola el día de su presentación en el Camp Nou el año 2008: «Os doy mi palabra de que nos esforzaremos al máximo. No sé si ganaremos, ¡pero lo intentaremos! ¡Abrochaos los cinturones porque nos lo pasaremos bien!»

CARPE DIEM, POLONIA

O nuit d'amour! Ciel radieux!
O douces flammes!
Le bonheur silencieux
Verse les cieux, les cieux
Dans nos deux âmes!

Fausto (Acto III)[21]
JULES BARBIER, MICHEL CARRÉ
CHARLES GOUNOD

Pensar en Chopin es pensar en su piano. Pensar en Chopin es pensar en Polonia, tierra de pianistas. Pensar en Chopin es pensar en como vivió intensamente sus treinta y nueve años de vida gracias a las inigualables ganas de vivir de su corazón. Amores y desamores, ilusiones y desilusiones, sueños y pesadillas convertidos en baladas, preludios, nocturnos, polcas, vals, mazurcas, fantasías o impromptus. Chopin, el poeta del piano, el exiliado que nunca volvió a su tierra natal y que murió en París en 1849. Su cuerpo fue enterrado en el cementerio de Père Lachaise. Allí reposa rodeado de numerosas personalidades del arte en uno de los cementerios más fascinantes de Europa. Pero, antes de enterrarlo, a petición de su hermana, le extirparon el corazón. Era una manera típicamente romántica de repartir simbólicamente los restos del genio y de elevar el corazón a la categoría de reliquia. Ese corazón que le permitió vivir cada uno de sus días como si fuera el último, reposa encerrado en una urna en el lateral izquierdo de la iglesia de la Santa Cruz de Varsovia. Una inmensa

---

21. «¡Oh, noche de amor! ¡Cielo radiante! / ¡Oh, dulces llamas! / ¡El gozo silencioso / vierte el cielo, el cielo / sobre nuestras dos almas!»

placa en la pared, coronada con un busto del compositor, recuerda, en polaco e inglés, la presencia del músculo coronario de Chopin que ha permanecido en perfecto estado gracias al efecto conservante del coñac francés.

Había estudiado y tocado muchas veces algunas de las piezas de Chopin, pero poco podía imaginarme entonces que no muchos años después de la caída del muro de Berlín, que era la representación física de lo que llamaban el telón de acero, acabaría encontrándome cada semana con su corazón al ir los domingos a cantar misa a la iglesia de la Santa Cruz de Varsovia. Y es que, casi sin saber cómo, de repente me encontré estudiando a más de dos mil kilómetros de distancia de mi casa después de que Victoria me dijera que debía continuar mi formación y que había cosas que ella no podía enseñarme. Me dijo que necesitaba un nuevo maestro. Alguien que fuera barítono como yo y que pudiera enseñarme todo lo que ella no podía.

—Y, ¿ya has pensado en alguien?
—Sí. Un barítono extraordinario que se llama Jerzy Artysz.
—Jerzy... ¿qué? ¿Y dónde está este hombre?
—En Varsovia.
—¿Qué? ¿En Varsovia?
—Sí, en Varsovia, Polonia. ¿Algún problema?

Ningún problema. En pocos días lo organicé todo e hice la maleta. Me iba para una temporada larga, así que la llené bien, especialmente de libros. Entre el montón de libros que metí dentro (entonces en los aeropuertos nadie se preocupaba por el exceso de peso en el equipaje), me llevé el *Método práctico de canto* de Francisco Viñas, que Victoria me regaló y me dedicó antes de marcharme, y tres novelas que serían las obras capitales de mi estancia en Varsovia: *El retrato de Dorian Gray*, de Oscar Wilde; *Doktor Faustus*, de Thomas Mann, y *Mephisto*, de Klaus Mann.

Entre clase y clase tenía todo el tiempo del mundo. Estaba solo, así que en mi pequeñísimo apartamento de una sola habitación, una sola ventana y un solo radiador, pasaba las horas estudiando y leyendo, estudiando y leyendo, estudiando y leyendo...

Leyendo aquellas tres novelas no pude dejar de recordar la película *Dead poets society* (*El club de los poetas muertos*). La película se había estrenado en Barcelona precisamente pocos días antes de la caída del muro. Había ido a verla un par de veces. Bueno, de hecho... había ido a verla muchas veces. Supongo que porque me hubiera hecho ilusión tener, durante mis años de colegio, un profesor como John Keating, el personaje que interpreta Robin Williams. Esas tres novelas me trajeron a la mente aquella escena fascinante de la primera clase del profesor Keating a sus alumnos, cuando les hace salir del aula y los lleva frente a la vitrina que exhibe las fotos y los trofeos deportivos de los antiguos alumnos del colegio. Una vez allí, le hace leer un poema a uno de los alumnos:

> *Gather ye rosebuds while ye may*
> *Old time is still a-flying*
> *And this same flower that smiles today*
> *Tomorrow will be dying.*[22]

Keating explica que el sentimiento que expone este poema de Robert Herrick es: *carpe diem*. Es decir, aprovecha el día. Aprovecha el momento. Keating se dirige a los alumnos y les dice: «Aprovechad el día mientras seáis jóvenes, vigilad el uso que hacéis de vuestro tiempo porque somos comida para gusanos. Porque solo experimentaréis un número limitado de primaveras, veranos y otoños. Un día, aunque no os lo creáis, ¡cada uno de nosotros dejará de respirar y morirá!» Entonces, invita a sus alumnos a mirar las viejas fotografías de los antiguos alumnos expuestas en la vitrina y Keating les explica que aquellos antiguos alumnos son iguales que ellos. Tienen el mismo corte de pelo, las mismas hormonas en ebullición, el mis-

---

22. «Coged las rosas ahora que podéis, / el tiempo pasa volando, / aquella flor que hoy admiráis, / mañana habrá muerto.»

mo sentimiento de creerse invencibles y de pensar que están destinados a algo maravilloso. Pero, ¿dónde están ahora esas sonrisas y esa esperanza que desprenden los antiguos alumnos de las fotos? Quizá muchos de ellos ya no están. Quizá algunos de ellos ya están criando malvas. Quizá alguno de ellos está siendo devorado en ese preciso instante por los gusanos. «*Carpe diem*, señoritas», les dice Keating, «¡haced que vuestras vidas sean extraordinarias!»

Pero, ¿cómo hacer que nuestras vidas sean extraordinarias? Los tres protagonistas de las tres novelas que estaba leyendo lo habían intentado. Los tres quisieron convertir sus vidas en una experiencia inolvidable, pero para ello vendieron y se separaron de una parte fundamental de su ser: el alma. Se dividieron en dos. Un grave error; el actor Hendrik Höfgen, el protagonista de *Mephisto*, vende sus ideales a la Alemania nazi a cambio de una posición relevante en la sociedad hitleriana; en *Doktor Faustus*, el compositor Adrian Leverkühn, un prodigio musical de principios del siglo xx, pacta con el diablo la concesión de veinticuatro años de éxito musical absoluto a cambio de negarle la capacidad de querer a nadie; y, finalmente, Dorian Gray, un joven con un narcisismo tan enfermizo que decide permanecer siempre con el mismo aspecto jovial que tiene en el retrato que le hace su amigo Basil Hallward.

Leí esas tres novelas imprescindibles sobrecogido y anhelante. Las leí casi de forma paralela. Tres variantes de una misma historia estremecedora. Tres historias que me acercaron a un mito que por entonces yo no conocía mucho: Fausto. El hombre que de repente se da cuenta de que ha envejecido y que no ha vivido la vida. Un hombre lleno de conocimiento, pero vacío de sabiduría. El hombre que desea una segunda oportunidad, una segunda vida para vivir. Fausto, el hombre que vende su alma al diablo a cambio de una segunda oportunidad. Un personaje legendario medieval que Christopher Marlowe y Jacob Bidermann habían escenificado en sendos dramas y que Goethe acabó de convertir en un icono universal. Fausto es el hombre que encarna el anhelo por el conocimiento, por el saber, pero también la pasión por la vida y la belleza. Hombre de estudio y de laboratorio, es también un hombre de acción. Viejo, pero vividor, vital y con ansias juveniles. Toda una vida dedicada al estudio no le ha servido para convertirse en sabio. Exasperado, quiere sentir la pasión y quiere librarse a ella inmediatamente. La pasión, la vida, la juventud, la belleza y la sabiduría son tentaciones demasiado grandes para resistirse a ellas.

Todo aquello era fascinante. Me hubiera encantado correr hasta la librería más cercana y comprar un ejemplar de *Fausto*, pero estaba en Varsovia y, claro, las librerías solo tenían ejemplares de las dos monumentales partes del *Fausto* de Goethe en polaco. Pero no me rendí. Una vez alguien me dijo que todas las grandes historias tienen su ópera. Cierto. Sabía que había óperas sobre Fausto, había escuchado algunas. Así que si no podía leer *Fausto* en polaco, tal vez pudiera escucharlo en una ópera. Las grandes historias siempre piden a gritos ser recitadas y cantadas. Pero, ¿cuántas óperas había sobre este tema? Aún no existía Internet, así que fui hasta la biblioteca de la escuela de música Frédéric Chopin, que era donde impartía clases mi maestro, y averigüé cuántas óperas existían sobre el tema de Fausto. Pude confeccionar una lista un poco precaria:

1816 *Fausto*, de Louis Spohr
1846 *La damnation de Faust,* de Hector Berlioz
1859 *Fausto,* de Charles Gounod
1868 *Mefistofele*, de Arrigo Boito
1924 *Doktor Faust,* de Ferruccio Busoni

Naturalmente, la lista podía haber sido mucho más larga, pero esta es la que pude confeccionar en aquel momento. Logré encontrar la partitura de la ópera de Gounod y empecé a estudiarla compulsivamente, como si no me quedara tiempo, como si el mundo fuera a acabarse al día siguiente. Entonces fue cuando conocí el dueto del final del tercer acto entre Fausto y Margarita. Entonces fue cuando entendí por primera vez en la vida que aquel dueto era la clave de todo para comprender el mito de Fausto. Entonces fue cuando escuché por primera vez el deseo de Fausto implorando el amor de Margarita en un maravilloso *andante* en Fa menor:

Laisse-moi, laisse-moi
contempler ton visage!
Sous la pâle clarté
Dont l'astre de la nuit,
comme dans un nuage,
Caresse, ta beauté.[23]

Fausto siente el amor como un ardor siempre nuevo, como un sentimiento embriagador sin fin que parece conducirlo a una alegría aparentemente eterna y, entonces, cambiando la majestuosa y sincera tonalidad de Re bemol Mayor, decide amar a Margarita esa misma noche.

O nuit d'amour! Ciel radieux!
O douces flammes!
Le bonheur silencieux
Verse les cieux, les cieux
Dans nos deux âmes![24]

Fausto, que ha desaprovechado toda su primera vida sin amor, entiende finalmente que ha llegado el momento de amar. Tiene a Margarita delante y sabe que no puede esperar al día siguiente. Sabe que quizá no habrá mañana. Ya ha sido viejo una vez, ya ha estado demasiado cerca de la muerte una vez y no quiere volver a cometer el error de pasar otro día sin amar. Durante toda su primera vida, Fausto ha vivido esperando que pasara algo. Ahora sabe que no puede esperar más. Sabe que si quiere conseguir el amor de Margarita

---

23. «¡Déjame, déjame / contemplar tu rostro / bajo la luz pálida / con que el astro de la noche, / como si estuviera nublado, / acaricia tu belleza!»
24. «¡Oh, noche de amor! ¡Cielo radiante! / ¡Oh, dulces llamas! / ¡El gozo silencioso / vierte el cielo, el cielo / sobre nuestras dos almas!»

tendrá que ser hoy, no mañana. Hoy. Ahora. Esta es la vuelta de tuerca de todo. Fausto ha aprendido finalmente que la clave no reside en contar los días, sino en hacer que los días cuenten. Pequeña inmensa diferencia para vivir una vida, un año, un mes, una semana, un día, unas horas, unos minutos, un instante.

Oír a Fausto hablar a Margarita es como oír a Horacio hablando a Leucónoe, la hija del dios Neptuno. A ella le dedicó la oda número once de su primer libro de odas, del que Horacio se sentía tan ufano y orgulloso que llegó a decir: «He erigido un monumento más indestructible que el bronce: la palabra».

> *Tu ne quaesieris (scire nefas) quem mihi, quem tibi*
> *finem di dederint, Leuconoe, nec Babylonios*
> *temptaris numeros. Vt melius, quidquid erit, pati!*
> *seu pluris hiemes, seu tribuit Iuppiter ultimam,*
> *quae nunc oppositis debilitat pumicibus mare*
> *Tyrrhenum: sapias, uina liques et spatio breui*
> *spem longam reseces. Dum loquimur, fugerit inuida*
> *aetas: carpe diem, quam minimum credula postero.*[25]

Horacio, hijo de un esclavo liberto y protegido por Mecenas, vivió bajo el imperio de Augusto y viajó a Grecia a estudiar filosofía. Allí se adhirió al pensamiento de Epicuro, que afirma que el principio más importante de la existencia humana es el bienestar físico y mental. La idea del paso del tiempo y sus consecuencias recorre toda la historia de la literatura universal y ya está presente en el antiguo y famoso poema del arpista hallado en la tumba del faraón

---

25. «No preguntes, Leucónoe —pues saberlo es sacrilegio— qué final nos han marcado a ti y a mí los dioses; ni consultes los horóscopos de los babilonios. ¡Cuánto mejor es aceptar lo que haya de venir! Ya Júpiter te había concedido unos cuantos inviernos más, ya vaya a ser el último el que ahora amansa al mar Tirreno con los peñascos que le pone al paso, procura ser sabia: filtra tus vinos, y a un plazo breve reduce las largas esperanzas. En tanto que hablamos, el tiempo envidioso habrá escapado; aprovecha el día, sin fiarte para nada del mañana.»

egipcio Inef o en la no menos famosa y antigua *Epopeya* del Gilgamesh. También Siddhartha Gautama (Buda) se apuntó al mismo tópico literario cuando dijo: «El secreto de la salud mental y corporal se encuentra en no quejarse del pasado, ni preocuparse por el futuro, ni avanzar los problemas, sino en vivir sabiamente ahora.» Otros escritores clásicos como Ovidio o Catulo también trataron el tema, pero siempre me ha parecido que el gran hallazgo de Horacio fue recoger la fuerza de este pensamiento en una única frase lapidaria final: «*Carpe diem, quam minimum credula postero!*» («Aprovecha el día, sin fiarte para nada del mañana»).

En una Polonia católica, apostólica y romana, donde sobre el piano de mi maestro descansaba una foto de Karol Wojtyła, el papa Juan Pablo II, me vi yendo a cantar cada domingo a misa. Y es que mi maestro era un hombre tan creyente que cada domingo me llevaba precisamente a la iglesia de la Santa Cruz, allí donde está el corazón de Chopin, para cantar. Subíamos al coro y nos poníamos al lado del organista. Algunas piezas las cantaba él, otras me las dejaba cantar a mí y, alguna vez, cantábamos juntos cosas como *Panis angelicus* de César Frank o *Ave Maria* de Schubert o de Gounod. Un miércoles me dijo que debíamos ir a la iglesia a cantar. ¿Un miércoles? Me extrañó, pero él me aclaró que se trataba del Miércoles de Ceniza, el día que marca el inicio de la Cuaresma. Recordaba los Miércoles de Ceniza de cuando iba al colegio de pequeño. En la ceremonia, el cura dibuja una cruz de ceniza en la frente de los fieles mientras dice: «*Memento, homo, quia pulvis es, et in pulverem reverteris*» («Recuerda, hombre, que eres polvo, y que en polvo te convertirás»). Cuando era pequeño nunca había prestado atención a estas palabras. Pero ahora, allí, en la iglesia de la Santa Cruz, con el corazón de Chopin delante de mí, con las palabras del dueto de *Fausto* de Gounod resonando en mi cabeza y después de la lectura de las novelas de Oscar Wilde y Thomas y Klaus Mann que se amontonaban sobre mi minúscula mesita de noche... aquellas palabras que el cura iba repitiendo con un tono de salmodia a todos los feligreses que se acercaban para la imposición de la ceniza, cobraron un nuevo sentido.

Me pareció que el «*Memento, homo, quia pulvis es, et in pulverem reverteris*» («Recuerda, hombre, que eres polvo, y que en polvo te convertirás») del cura y el «*Carpe diem, quam minimum credula postero!*» («Aprovecha el día, sin fiarte para nada del mañana») de Horacio eran más o menos lo mismo. Las dos frases empezaron a preocuparme y de repente me di cuenta de un hecho irrefutable: nunca más volverá a ser hoy. Miré el reloj atentamente durante unos segundos y, por increíble que parezca, advertí por primera vez en la vida que el tiempo pasaba y que no podía hacer nada para pararlo. Cada segundo que pasaba era un segundo más tarde, un segundo más tarde, un segundo más tarde, un segundo más tarde... Implacable el tiempo pasaba, y empecé a inquietarme y a sentir una especie de angustia vital. Supongo que no debía de tener muy buena cara porque mi maestro, que era un hombre inmensamente sabio, se me acercó y, como si supiera exactamente qué era lo que me estaba pasando, me reveló al oído un proverbio chino que nunca he olvidado: «¡Disfruta! Es más tarde de lo que crees».

No estaba seguro de que Chopin hubiera disfrutado o hubiera tenido una vida especialmente feliz. Pero sí estaba seguro de una cosa: Chopin había vivido hasta el final. Estaba seguro de que había vivido cada día con toda la intensidad posible y que su corazón y su alma habían tenido mucho que ver con ello. Para Chopin habría sido imposible desprenderse en vida de su corazón o de su alma como había hecho Fausto. Las dos partes eran fundamentales e inseparables de su ser y de su música. «Toca con toda tu alma, toca lo que sientes», decía Chopin. Quizá la suya fuera una vida nostálgica, depresiva y enfermiza hecha a base de fracasos amorosos y patrióticos, pero fue una vida de verdad, una vida aprovechada y, sobre todo, como el profesor Keating dice a sus alumnos, fue una vida extraordinaria. Ni los terribles desengaños amorosos de Maria Wodzinska, a quien llamó «mi aflicción», ni la atormentada y larga relación con la escritora George Sand lograron quitarle las ganas de vivir. Al contrario, Chopin aprovechó incluso los sentimientos más desesperados de su corazón y de su alma para convertirlos en música inmortal y para intentar seguir aprovechando cada día de su vida. ¿Cómo, si no, habría podido decir: «A veces, cuando solo puedo gemir o sufrir, vuelco mi desesperación en el piano»?

Chopin, el hombre que intentó hallar el paraíso en Mallorca, estaba condenado por una enfermedad pulmonar. Su tiempo, como el de todos nosotros, era limitado. Pero tal vez por el hecho de saberse gravemente enfermo aprovechó el tiempo más y mejor. Vivió a través del piano. Las obras que nos ha dejado son el testimonio de una vida irrepetible. Su cuerpo en el cementerio de Père Lachaise, tal como rezaba la salmodia del cura del Miércoles de Ceniza, se había convertido en polvo. Pero su música y su corazón, conservado en coñac francés, seguían intactos dentro de una urna de la iglesia de la Santa Cruz de Varsovia. Su corazón, reflejo de un alma a la que no renunció nunca, era el testimonio de una vida que, aunque pasó velozmente, se había aprovechado y se había musicado como muy pocas.

«Vive como si fueras a morir mañana y aprende como si fueras a vivir para siempre», dijo Gandhi. «El ayer no existe, el mañana aún no ha llegado. Solo tenemos el hoy, ¡a por él, entonces!», dijo la madre Teresa de Calcuta. Dos sabios que sabían muy bien que la única actitud vital posible frente al paso del tiempo era vivir como Chopin: aprovechando cada instante y dejando constancia de cada día vivido. Vivir sin dejar pasar ni un momento, y mucho menos aún, como el pobre Fausto, una vida entera, para darnos cuenta al final de que los días han pasado y que la vida se nos ha escapado entre los dedos.

La angustia del paso del tiempo me hizo pensar por un momento en la posibilidad de que en un futuro la tecnología avance tanto que pueda llegar a hacernos inmortales. ¿Por qué no? ¡Vivir para siempre! Se acabaría el problema angustiante del paso del tiempo. Renovar nuestro cuerpo con células nuevas hasta el infinito o trasladar nuestra consciencia vital a un ordenador tipo HAL 9000 de la película *2001: A space Odyssey* (*2001: una odisea del espacio*). Parecía una alternativa esperanzadora y una solución de futuro. Pero entonces leí al antropólogo Eudald Carbonell argumentar que la inmortalidad nunca puede ser deseable. Según Carbonell, una persona inmortal perdería consciencia del paso del tiempo y dejaría de ser un ser vivo. Si somos humanos es precisamente porque, gracias a nuestra inteligencia operativa, tenemos consciencia del espacio y del tiempo. Vivimos en función del tiempo. Si lográramos ser inmortales y aboliéramos el paso del tiempo, sencillamente dejaríamos de ser humanos. Así, la muerte implacable, que cada segundo y cada línea que pasa está más cerca, es lo que nos hace ser como somos: humanos.

Humanos, para bien o para mal, es lo que somos. Por lo tanto, solo nos queda una alternativa posible: vivir. Aprovechar la vida. Vivir de verdad. Vivir con intensidad. Vivir cada día. Amar cada momento y embriagarse de vida, tal como dice Charles Baudelaire en su famoso *Enivrez-vous (Embriagaos)* escrito el año 1864:

Siempre hay que estar ebrio. Es lo importante: la única cuestión. Para no sentir el horrible fardo del Tiempo que destroza el hombro y os doblega hacia el suelo, os tenéis que embriagar siempre.

Pero ¿con qué? Con vino, con poesía o virtud, como queráis. Pero embriagaos.

Y si a veces, en la escalinata de un palacio, en la verde hierba de un foso, en la triste soledad de vuestra habitación os despertáis, la embriaguez amainada ya o desaparecida, preguntad al viento, a las olas, a las estrellas, a los pájaros, al reloj, a todo cuanto huye, a todo cuanto solloza y da vueltas, a todo cuanto canta y habla, preguntad qué hora es; y el viento, las olas, la estrellas, los pájaros, el reloj os contestarán: ¡es hora de embriagarse! Para no ser los esclavos martirizados del Tiempo, embriagaos; ¡embriagaos sin parar!

¡Con vino, poesía o virtud, como queráis!

A Fausto le costó toda su primera vida entender que la existencia solo se puede vivir si se está embriagado. Cuando se dio cuenta de su error, ya era demasiado tarde. No tuvo otra alternativa que entregar su alma al diablo para tener una segunda oportunidad con la que poder aprender a embriagarse. Fausto es el ejemplo perfecto de centenares de personas que nos rodean y que dedican su tiempo a echar de menos un pasado que no volverá, o a suspirar por un mañana incierto que tal vez nunca llegue. ¿Cuántos de nosotros perdemos el tiempo intentando adivinar un futuro que nadie puede conocer? Nadie, como le dice Horacio a Leucónoe en su oda, puede saber si nuestra vida futura (en caso de que la tengamos) nos será favorable o adversa. Según Horacio, solo los dioses lo saben y nosotros no podemos hacer nada al respecto. Finalmente, Fausto, cansado de esperar, entiende que la vida es ahora, es hoy y que es necesario evitar vivir en el pasado o en el futuro. Decide embriagarse de amor y deseo por Margarita y también por Helena. Correcto. Pero, ¿por qué limitarse a embriagarse solo de una cosa o de un par de cosas? ¿Por qué no hacer como Chopin y embriagarse de todo? ¿Por qué no embriagarse de la vida? ¡De toda la vida! Decidí seguir el consejo de Baudelaire y el ejemplo de Chopin y embriagarme de todo aquello que me ofreciera la vida en cada momento: embriagarme de personas, de vidas, de historias, de cuentos, de música, de sonidos, de notas, de sonrisas, de alegrías, de palabras, de poesía... pero también embriagarme de despedidas, de nostalgias, de tristeza y de llanto. Decidí sentirme vivo en cada instante. Decidí vivir hasta el final todo lo que me ofreciera la vida e intentar estar en el lugar adecuado en cada momento, porque como decía el poeta y escritor de cuentos infantiles Hans Christian Andersen, «Aprovecha la vida, tienes toda la eternidad para estar muerto.» Así lo hice, y a partir de aquel momento me metí entre ceja y ceja aprovechar todas las horas del día, consciente de que nunca más volverán ni podré volver a recuperarlas porque irremediablemente a las doce de la noche habrán desaparecido como el vestido y la carroza de Cenicienta.

Aproveché que mi maestro tenía un concierto en la ciudad portuaria de Gdansk, en el que interpretaba el *Réquiem alemán* de Johannes Brahms, para acompañarlo y conocer un poco la ciudad y las atarazanas que habían visto nacer el movimiento sindical Solidarność, liderado por el mítico Lech Wałęsa, que años más tarde llegaría a la presidencia del gobierno polaco. Un sindicato que luchó pacíficamente contra la tiranía del gobierno comunista del general Jaruzelski y que, a principios de los años ochenta, llegó a tener más de diez millones de afiliados. Hombres y mujeres que, desde la clandestinidad, aprovecharon el momento. Personas que supieron escoger el momento adecuado para hacer historia con el único instrumento que tenían a su alcance: la huelga. Con la convicción de la verdad, lograron forzar una negociación con el gobierno y también contribuyeron, sin duda, a la caída del muro de Berlín que se produjo años más tarde. Exactamente, el jueves 9 de noviembre de 1989 a las once de la noche.

El bloque de países del este agrupados bajo el Pacto de Varsovia y liderados por la desaparecida Unión de Repúblicas Socialistas Soviéticas (URSS) había llegado a un punto sin retorno. El sistema comunista se había colapsado y muchos ciudadanos del bloque oriental hacía meses que, aprovechando que Checoslovaquia y Hungría habían retirado sus defensas de las fronteras con Austria, intentaban llegar al Occidente capitalista a través de estos dos países. En el interior de la Alemania comunista, como había ocurrido en Polonia con Solidarność, se empezaron a articular movimientos clandestinos de oposición. En este caso, al régimen dictatorial y represor de Erich Honecker. El pueblo empezó a manifestarse de manera masiva en la calle sin que las autoridades pudieran hacer nada para impedirlo. Frente al pulso del pueblo contra el gobierno, Honecker —que unos meses antes había pronosticado que «el muro seguiría cien años más»— se vio obligado a dimitir y fue remplazado por Egon Krenz. Las manifestaciones aumentaron y, el 4 de noviembre, medio millón de personas se reunió en Alexanderplatz, en Berlín Oriental, pidiendo elecciones libres y libertad de prensa. El 9 de noviembre, el gobierno Krenz, totalmente desbordado por la situación, se reunió y tomó la decisión de abrir las fronteras a partir del 17 de noviembre a todos los ciudadanos de la República Democrática de Alemania. El mismo 9 de noviembre, el portavoz del Politburó, Günter Schabowski, ofreció una rueda de prensa en la que respondió a las preguntas de la prensa nacional y extranjera. Después de una hora, cuando la rueda de prensa parecía terminar, Schabowski recibió una nota que decía que las fronteras se abrirían y que los ciudadanos eran libres para cruzar. Estas regulaciones se habían confeccionado solo unas pocas horas antes y debían entrar en vigor el 17 de noviembre, pero nadie había informado a Schabowski. El portavoz del Politburó leyó la nota y cuando una periodista le preguntó cuándo tendrían efecto estas nuevas regulaciones, Schabowski balbució inseguro: «Por lo que sé... entran en vigor inmediatamente, sin retraso.» Después de otras preguntas de los periodistas se confirmó que las regulaciones incluían los pasos fronterizos del muro. La noticia corrió como un reguero de pólvora y poco después ya la estaban transmitiendo todas las televisiones. Enseguida, muchos ciudadanos de Berlín Oriental se congregaron en los pasos fronterizos del muro pidiendo a los guardas que abrieran las puertas. Al final, frente a la multitud cada vez más numerosa, los guardas cedieron y a las once de la noche del jueves 9 de noviembre de 1989 abrieron el paso fronterizo de la Bornholmer Straße.

Al día siguiente, los pasos fronterizos del muro estaban llenos de gente que quería cruzar. Pero, como en el caso de Fausto, ya era demasiado tarde para ellos. Reaccionaron tarde. Habían desaprovechado la primera oportunidad, la única que de verdad cuenta. Solo los pocos elegidos que pudieron cruzar el muro el mismo 9 de noviembre a las once de la noche hicieron realidad el *carpe diem*. Solo ellos vivieron y aprovecharon el momento y solo ellos escribieron la historia. Solo ellos, gracias a no tener el miedo de saber que las cosas solo ocurren una vez, estuvieron en el lugar adecuado en el momento adecuado.

Chopin, exiliado de su Polonia natal desde muy pronto, se definía a sí mismo como «un revolucionario para quien el dinero no significa nada». Él plasmó en su música la libertad y la esencia de su patria con la fuerza avasalladora que le daban su corazón inmenso y su alma irrenunciable. Un revolucionario que vivió la plenitud de cada instante sin dejar de perderse nada de lo que la vida le ofrecía o le negaba, y que, igual que los *revolucionarios* del sindicato Solidarność o los *revolucionarios* que exigieron cruzar el muro de Berlín el 9 de noviembre por la noche, entendió que la vida es un trayecto, no un destino. Un trayecto que hay que vivir constantemente, porque nunca más volverá a ser hoy.

Fausto, Oscar Wilde, Thomas Mann, Klaus Mann y Chopin me impactaron durante mi estancia en Polonia. Entre todos, me mostraron que los minuteros del reloj no se paran nunca, nunca, nunca.

La psiquiatra suiza y estadounidense Elisabeth Kübler-Ross, una de las máximas expertas mundiales en la investigación de las experiencias cercanas a la muerte, comprobó que la respuesta que le daba la mayoría de la gente mayor cuando le preguntaba qué haría si pudiera volver a vivir era: «¡Me arriesgaría más!» Fascinante. Dicho de otra manera: «Viviría más y haría todo aquello que no hice por miedo.» Exactamente la misma conclusión a la que llega Fausto. Y es que parece que a medida que nos hacemos mayores y que el final se acerca, aumenta la sensación de no haber vivido tan intensamente como hubieras podido hacerlo. Por lo tanto, ¿para qué esperar a que sea demasiado tarde para lamentarse? ¡La vida es hoy! Así que, como dice la canción de Bob Marley, «*Wake up and live now*» («¡Despierta y vive ahora!»).

CURIOSIDAD

Perché no?
Io non impugno mai quel che non so!

Le nozze di Figaro (Acto III)[26]
Lorenzo da Ponte
Wolfgang Amadeus Mozart

Parece ser que a las doce del mediodía del 16 de octubre de 1793, cuando la reina de Francia, María Antonieta, subía al cadalso para ser guillotinada entre los improperios del pueblo de París, pisó, sin querer, el pie de su verdugo. Impasible, se dirigió a él con amabilidad: «Perdone, buen señor, ha sido sin querer.» Con toda la entereza que se había propuesto, se arrodilló y colocó la cabeza en el lugar adecuado para que el verdugo pudiera acometer su trabajo. Perder la cabeza, a pesar de ser algo brutal, puede ser también una de las formas más rápidas y menos dolorosas de morir, siempre que el verdugo sea hábil, la hoja esté bien afilada y el condenado no se mueva. Algunos informes macabros del periodo postrevolucionario francés aseguran que los ajusticiados movían los ojos y la boca durante más de quince segundos después del corte de la hoja. Quizá eran espasmos o reflejos post mortem, quizá era el oxígeno de la sangre que aún quedaba en la cabeza... Quién sabe... Sea como sea, siempre he pensado que, si tenemos en cuenta la amabilidad y la cortesía de María Antonieta hacia su verdugo y la profesionalidad que se le presupone al ejecutor de una reina, su muerte debió de ser inmediata y sin dolor.

Unos años antes, su hermano, el emperador José II de Austria, cuando se enteró de que Mozart y Da Ponte (su libretista) habían

---

26. «¿Por qué no? / Nunca discuto lo que no sé», *Las bodas de Fígaro*.

empezado a escribir, en secreto, una ópera basada en la obra de teatro *Le mariage de Figaro* (*Las bodas de Fígaro*) de Beaumarchais, no podía creérselo. Él, un hombre ilustrado y liberal que había abolido la pena de muerte, la tortura y había autorizado la libertad religiosa y el matrimonio civil, se había visto *obligado* a prohibir la obra por considerarla demasiado liberal y peligrosa. Beaumarchais había plasmado en su comedia, que era la continuación de *Le barbier de Séville* (*El barbero de Sevilla*), la huella de los nuevos tiempos revolucionarios que estaban a punto de llegar. El mismo rey de Francia, Luis XVI, marido de María Antonieta, reaccionó casi con violencia cuando conoció la obra y exclamó: «Es detestable. ¡Esto nunca se representará!» Y es que los monarcas, los poderosos y los aristócratas de finales del siglo XVIII fruncían el ceño cuando se les hablaba de una obra de teatro que los ridiculizaba en manos de un barbero convertido en criado (Fígaro) y una sirvienta (Susanna). Todo esto era demasiado para ellos. Demasiado subversivo y alentador para las clases sociales menos favorecidas.

Transcurrieron seis años de tira y afloja con la censura, pero al final la obra de Beaumarchais subió al escenario de París y obtuvo un gran éxito que enseguida se extendió por toda Europa. Mozart, que tenía predilección por el género operístico, hacía tiempo que intentaba encontrar un libreto adecuado para escribir una ópera. Según relata él mismo en una carta a su padre, había leído más de cien libretos pero ninguno le satisfacía. Entonces llegó a sus manos la obra de Beaumarchais y se quedó tan fascinado que pidió a Lorenzo da Ponte, poeta oficial de la corte en Viena, que le escribiera un libreto basado en ella. Un proyecto alocado si tenemos en cuenta que en aquella época las óperas se hacían por encargo y que, no solo nadie había encargado una ópera a Mozart o a Da Ponte, sino que la obra de Beaumarchais estaba prohibida por deseo expreso del emperador.

Un tal barón Wetzlar se dirigió a la pareja y les propuso una generosa suma de dinero para comprar la ópera con la promesa de estrenarla en Londres o en París. Pero Mozart y Da Ponte la rechazaron. Querían estrenarla en Viena. Así que decidieron seguir escribiendo en secreto y esperar una oportunidad favorable para presentar la ópera al emperador. A medida que Da Ponte escribía los versos, Mozart iba poniendo música y en solo seis semanas (¡solo seis semanas!) la ópera estaba acabada. Sin decir nada a nadie, y creyendo que había llegado el momento adecuado, Da Ponte, según explica él mismo en sus memorias, se fue a ver al emperador para presentarle la ópera. José II se quedó de piedra y le recordó a Da Ponte que él mismo se había encargado de prohibir la obra de Beaumarchais. Entonces, el libretista desplegó todos sus encantos, que eran muchos, y convenció al emperador diciéndole que para convertir la obra de teatro en una ópera habían tenido que eliminar personajes y «eliminar muchas escenas, acortar otras y omitir todo aquello que pudiera ofender la delicadeza y la decencia de un espectáculo presidido por vuestra Gracia». Da Ponte también le aseguró al emperador que la música que Mozart había escrito era maravillosa. El emperador, seducido por el espabilado y encantador libretista, accedió con la condición de escuchar la música compuesta por Mozart. Da Ponte corrió a ver a Mozart y, antes de que pudiera explicarle su encuentro con el emperador, llegó un lacayo de palacio ordenando a Mozart que se presentara ante el emperador con la partitura. Mozart obedeció rápidamente y fue volando a palacio. Tocó algunos fragmentos de la ópera y Su Majestad quedó, como no podía ser de otra manera, entusiasmado y boquiabierto.

La primera vez que leí toda esta historia fue cuando me eligieron para representar *Le nozze di Figaro* en la primera edición de la Escuela de Ópera de Sabadell. Mi etapa en Polonia se había acabado. Mi maestro me dijo que ya era hora de volver a casa, que ya estaba a punto para volar solo y para empezar mi carrera como cantante. Así que, justo después de volver de Varsovia, abrí el diario y leí la convocatoria de un concurso organizado por los Amigos de la Ópera de Sabadell. El premio para los ganadores era acceder como alumno, durante un par de meses, a la Escuela de Ópera y debutar representando a uno de los personajes de la ópera de Mozart y Da Ponte en el teatro de la Farándula de Sabadell, el 13 de noviembre de 1996. Me pareció una magnífica oportunidad. Un concurso que ofrecía la posibilidad de debutar sobre el escenario. Me presenté con toda la ilusión propia de alguien que acaba una etapa y espera comenzar otra. Canté la gran aria que abre el tercer acto, *Hai già vinto la causa*, y les gustó. Me escogieron para cantar el personaje del conde de Almaviva. Increíble. No podía ser verdad. Todo fue muy deprisa. En Sabadell, durante los dos meses que duró todo, aprendí muchas cosas gracias a los magníficos profesores que tuve. Fue precisamente durante aquellos dos meses cuando empecé una fase aguda de mi manía por preguntar una y mil veces las cosas que a todos les parecían evidentes. Se trata de una manía que consiste básicamente en preguntar: ¿por qué?

Se ve que los niños a partir de los tres años empiezan una etapa que puede ser desesperante para los padres: es lo que se conoce como *la fase del por qué*. Todo el mundo sabe que los niños son unos exploradores incansables. Al principio, cuando aún no saben hablar investigan su entorno mirando y manipulando objetos, pero cuando empiezan a dominar el instrumento del lenguaje cae sobre los padres un alud de preguntas para intentar seguir conociendo el mundo que les rodea. Los niños, que no asimilan la realidad de una forma directa, necesitan unos intermediarios, unos guías, unos padres que los ayuden a comprender el mundo. Las peguntas de los niños muchas veces pueden parecer absurdas, alocadas, infinitas y abrumadoras, así que los padres, frente a esta incansable curiosidad del niño por aprender, pueden llegar a agotar todas sus reservas de paciencia. Cuando los padres desesperados piden ayuda profesional para soportar esta fase de la mejor manera posible, los psicólogos suelen decir que se trata de una fase totalmente normal. Aconsejan tranquilidad y que no se pongan nerviosos, que traten de seguir reuniendo toda la paciencia que puedan y que sobre todo no se preocupen porque es una fase que pasará antes o después. Sin embargo, en mi caso, la manía del por qué, lejos de acabarse cuando tocaba, estalló en aquel momento con toda la fuerza y (lo confieso) aún no se ha acabado.

El gran Leonardo da Vinci dijo: «Saberlo todo es posible.» Tal vez algo demasiado atrevido, incluso para un hombre tan brillante como Leonardo, pero... ¿por qué no? ¿Por qué no aspirar a saberlo todo? ¿Por qué dejar de ser un niño curioso que hace preguntas, aunque parezcan absurdas? ¿Por qué dejar de ser un niño curioso que quiere (necesita) entender y conocer el mundo que le rodea? La clave del conocimiento es formular las preguntas adecuadas y tener curiosidad. O, mejor dicho, mantener la misma curiosidad que teníamos cuando éramos pequeños, cuando teníamos tres, cuatro, cinco o seis años. Como decía Albert Einstein: «Lo realmente importante es no dejar de cuestionarse las cosas».

Reconozco que, con mis preguntas, abrumé un poco a mis profesores de la Escuela de Ópera de Sabadell, pero no podía evitarlo. Me encontraba a punto de debutar sobre un escenario de ópera con la música infinita de Mozart. Me encontraba delante de una obra capital de la literatura operística universal y necesitaba saberlo todo o, como mínimo, saber todo lo que pudiera sobre *Le nozze di Figaro*. Estudiar y compartir la música de Mozart es un placer, un inmenso placer. Pero tratar de averiguar qué es lo que se escondía detrás de toda aquella música es todavía más placentero. Es descubrir un universo inacabable repleto de historias y anécdotas que hacen que todo en conjunto adquiera otra dimensión.

Según los psicólogos, se ha demostrado que los adultos más espontáneos y creativos son aquellos que, cuando eran pequeños, tenían un ambiente dialogante y abierto en casa. Un ambiente en el cual las preguntas curiosas de los niños son atendidas y aceptadas. Evidentemente, no se trata de peguntar por preguntar. No se trata, como intentan hacer muchos niños pequeños, de llamar la atención o ser el centro de atención con nuestras preguntas. Cuando esto ocurre, la conversación desemboca siempre en un diálogo de sordos del tipo:

—¿Por qué el perro hace guau guau?
—Porque es feliz.

—Y, ¿por qué es feliz?

—Porque hace sol.

—Y, ¿por qué hace sol?

...

Se trata de formular las preguntas adecuadas. Se trata de saber lo que vale la pena saber. Porque, si no, muchas veces pasa lo que advertía Oscar Wilde: «El público tiene la insaciable curiosidad de saberlo todo, excepto lo que vale la pena saber.» Estoy de acuerdo con Wilde pero, por desgracia, todos aquellos que no somos tan geniales como él muchas veces hemos de dar vueltas y más vueltas y hacer preguntas y más preguntas para llegar al meollo del asunto. Ejemplo de ello es el experimento *Curiosity: what's inside the cube?* (*Curiosidad: ¿qué hay dentro del cubo?*) realizado por el legendario programador de videojuegos, de origen británico, Peter Molyneux. Se trataba de una aplicación para móviles y tabletas en la que un cubo gigante formado por veinticinco billones de pequeños cubos flotaba en medio de una habitación blanca. Cada uno de los pequeños cubos contenía un texto flotante que servía de pista para eliminarlo y acceder al siguiente cubo que se encontraba más adentro. De esta manera, era preciso excavar la superficie e ir sacando capas de pequeños cubos hasta llegar al centro y descubrir la respuesta o el premio final. Molyneux prometía que el premio que se encontraba en el centro del cubo cambiaría la vida del ganador. Así, más de cuatro millones de personas, movidos por la curiosidad de saber qué se ocultaba en el centro del cubo, estuvieron experimentando, jugando, preguntando y resolviendo pistas para intentar hacerse con el premio final. La aplicación se puso en funcionamiento el 6 de noviembre de 2012 y, durante seis meses, cuatro millones de jugadores intentaron formular las preguntas adecuadas que ayudaran a resolver las pistas y llegar al centro del cubo. Finalmente, el 26 de mayo de 2013, un joven de dieciocho años de Edimburgo llamado Bryan Henderson, se descargó la aplicación y en menos de una hora llegó al centro del cubo. Increíble, pero cierto. Bryan Henderson logró en menos de una hora lo que cuatro millones de personas no habían logrado en siete meses. Henderson supo formular las peguntas adecuadas que le permitieron acceder al conocimiento que valía la pena saber para seguir eliminando pequeños cubos y llegar al centro. Así, como dijo Oscar Wilde, más de cuatro millones de personas hicieron las preguntas equivocadas y no pudieron resolver las pistas para avanzar en el juego, mientras que solo uno lo logró. Quién sabe, tal vez este joven de Edimburgo es un talento a la altura de Oscar Wilde, pero lo que está claro es que el resto de mortales tenemos que plantear muchas preguntas para acceder al conocimiento.

Quizá lo que irritaba a Oscar Wilde no era tanto la curiosidad de aquellos que, como yo, necesitan hacer mil preguntas para lograr aprender algo, sino la curiosidad del que quiere saber aquello que no necesita saber. Esa curiosidad mal entendida que el diccionario de la Real Academia define, en su primera acepción, como «Deseo de saber o averiguar alguien lo que no le concierne.» Para ilustrar la negatividad del término hay diccionarios que proponen una frase que seguramente todos hemos dicho alguna vez a alguien: «Eres demasiado curioso.» Pero, ¿cómo es posible que ser curioso (en el buen sentido de la palabra) y querer saber y entender pueda estar mal visto? La curiosidad es una de aquellas cualidades que, cuando va acompañada de una actitud positiva, nos puede llevar muchos pasos por delante de las personas que han perdido la capacidad de sorprenderse. Todos los niños pequeños tienen la mente abierta, no contaminada, y para ellos todo es nuevo. Por eso preguntan constantemente por qué. Pero cuando pasan los años, muchos de esos niños van perdiendo la capacidad de sorprenderse con las cosas que les rodean. Así pasan los años y finalmente todo nos parece *evidente*. Si frente a todos los hechos de la historia de la humanidad no somos capaces de sorprendernos, ¿cómo podremos sorprendernos ante la maravilla de la naturaleza que siempre, desde el día que llegamos a este mundo, ha estado frente a nosotros? A veces parece que pase el verano, el otoño, el invierno y vuelva a llegar la primavera, y que todo nos parezca monótono y terriblemente evidente. ¿Por qué no nos sorprendemos al ver una flor, al ver unas gotas de lluvia o al ver el reflejo de la luz en el agua? Paradójicamente, muchas veces tengo la sensación de que la humanidad (a pesar de los avances tecnológicos) nunca había sido tan ignorante como en el siglo XXI. Creemos que lo sabemos todo, pero nos perdemos en todas aquellas cosas banales que, sin duda, hubieran irritado a Oscar Wilde. Creemos que los hemos visto todo, pero no hemos observado nada. Creemos que lo hemos oído todo, pero no hemos escuchado nada.

Me encanta la gente que no ha perdido la capacidad de sorprenderse. Me encanta la gente que no acepta nada como evidente. Me encanta la gente curiosa que hace preguntas. Por esta razón, me encantan el personaje principal de *El principito*, el cuento infantil de Antoine de Saint-Exupéry, y Sancho Panza, el extraordinario escudero del caballero de la Triste Figura. Me esfuerzo cada día para intentar no perder nunca su capacidad de preguntar y sorprenderse. Ambos son la curiosidad en estado puro. Curiosidad en el mejor sentido de la palabra. Dos personajes que nunca dejan de aprender gracias a que para ellos nada es evidente.

El Principito es el niño que viene del asteroide B 612. ¡Un lugar donde el sol se pone hasta cuarenta y tres veces al día! El niño curioso que, buscando respuestas, enfrenta a los adultos con el mundo que los rodea y los anima a no dejar de sorprenderse. Un cuento infantil, de lectura imprescindible para todos los adultos que hayan perdido el niño que llevaban dentro. Una intención que ya queda clara en la inteligente dedicatoria del libro.

A LEON WERTH:

Pido perdón a los niños por haber dedicado este libro a una persona adulta. Tengo una buena excusa: esta persona adulta es el mejor amigo que tengo en el mundo. Tengo otra excusa: esta persona adulta es capaz de entenderlo todo, incluso los libros para niños. Tengo una tercera excusa: esta persona adulta vive en Francia, donde pasa hambre. De verdad que necesita consuelo. Si todas estas excusas no fueran suficientes, puedo dedicar este libro al niño que una vez fue esta persona adulta. Todos los adultos han sido antes niños. (A pesar de que pocos los recuerden). Corrijo, por lo tanto, mi dedicatoria:

A LEON WERTH, CUANDO ERA NIÑO

El principito es un libro que enseña que las cosas esenciales solo se pueden descubrir con el corazón y no con la cabeza. También este viene a ser, más o menos, el caso de Sancho Panza. Un paradigma de la curiosidad. Una especie de niño grande que absorbe la *sabiduría* vital de don Quijote y que se admira con cada nuevo descubrimiento que hace. El hombre/niño que, aprovechando la sabiduría popular y los refranes, extrae una enseñanza de cada una de las aventuras del caballero de la Triste Figura. Un ejemplo perfecto de ingenuidad, admiración, avidez y curiosidad para conocer todo lo que no había podido aprender en su vida anterior. Sancho Panza es un poco como el *Mars Science Laboratory* (MSL). El vehículo espacial enviado en 2011 a Marte por la NASA para explorar el planeta rojo. Igual que el MSL, Sancho Panza se encuentra, al lado de don Quijote, en un planeta nuevo. En un entorno donde todo es nuevo para él. Y así, como el MSL va enviando lecturas, datos y fotografías a los científicos de la NASA, que las recogen y las procesan, así Sancho Panza recoge y procesa todo lo que aprende en su nuevo entorno. Y, para hacerlo, igual que los científicos que controlan el MSL, necesita preguntar y ser curioso. Probablemente, por eso, los científicos de la NASA rebautizaron al MSL con el nombre de *Curiosity*.

El Principito y Sancho Panza, dos personajes aparentemente ignorantes, al contrario de lo que piensa todo el mundo, siempre me han parecido estar llenos de sabiduría. Se lo preguntan todo, no dejan de sorprenderse y, cuando no obtienen la respuesta adecuada, no se desaniman, no se amilanan y, como dijo Albert Einstein, no dejan de cuestionar. No aceptan nada como evidente y siguen haciendo preguntas. Porque, en el fondo, como dicen los profesores de filosofía, la verdad está en las preguntas y no en las respuestas. Esto me lleva a otro libro imprescindible escrito para jóvenes pero que todo el mundo debería tener en la mesita de noche: *El mundo de Sofía*. Un libro para aprender a pensar y ser curioso. Especialmente representativo es el fragmento en el que el profesor de filosofía de Sofía le explica que un filósofo y un niño curioso vienen a ser, más o menos, lo mismo:

Para los niños, el mundo —y todo lo que hay en él— es algo nuevo, algo que provoca su asombro. No es así para todos los adultos. La mayor parte de los adultos ve el mundo como algo muy normal.

Precisamente en este punto los filósofos constituyen una honrosa excepción. Un filósofo jamás ha sabido habituarse del todo al mundo. Para él o para ella, el mundo sigue siendo algo desmesurado, incluso algo enigmático y misterioso. Por lo tanto, los filósofos y los niños pequeños tienen en común esta importante capacidad. Se podría decir que un filósofo sigue siendo tan susceptible como un niño pequeño durante toda la vida.

De modo que puedes elegir, querida Sofía. ¿Eres una niña pequeña que aún no ha llegado a ser la perfecta conocedora del mundo? ¿O eres una filósofa que puede jurar que jamás lo llegará a conocer?

Si simplemente niegas con la cabeza y no te reconoces ni en el niño ni en el filósofo, es porque tú también te has habituado al mundo que te ha dejado de asombrar. En ese caso corres peligro. Por esa razón recibes este curso de filosofía, es decir, para asegurarnos. No quiero que tú justamente estés entre los indolentes e indiferentes. Quiero que vivas una vida despierta.

Tuve la suerte de que mis profesores de la Escuela de Ópera de Sabadell fueran tan excelentes como el profesor de filosofía de la pequeña Sofía. Respondían a mis preguntas siempre con una sonrisa y con la paciencia y la prudencia propias de las personas que valen la pena. Con ellos lo descubrí todo, o casi todo, lo que atesoraba *Le nozze di Figaro*. Una gran suerte. ¿Qué mejor que descubrir el mundo luminoso, inconmensurable y eterno de Mozart, salpimentado con la astucia y la picardía de Da Ponte? Nada. No hay nada mejor que esto. Ahora lo sé. Ahora estoy seguro. No hay nada mejor que sentirse cercano a un espíritu universal como Mozart, un espíritu lleno a rebosar de música capaz de responder a todas aquellas preguntas curiosas que parece que no tengan respuesta. Con su magia, Mozart no solo me enseñó que su música era un teléfono directo para hablar con el más allá. No, con la elección de la obra de Beaumarchais, Mozart me descubrió cómo se incubó uno de los acontecimientos más importantes de la historia de la humanidad: la Revolución francesa.

La obra original de Beaumarchais se estrenó en París envuelta en una aureola de obra subversiva, atrevida y ofensiva. Para muchos, el *Figaro* de Beaumarchais fue uno de los catalizadores de la revolución. El auténtico precursor de la guillotina. Georges Jacques Danton, uno de aquellos políticos que fue devorado por su propia revolución, dijo: «Fígaro acabó con la nobleza.» E incluso el mismo Napoleón vio en la obra «la revolución en acción». Quizá no era para tanto, pero es cierto que la obra, a pesar de la trama alocada típica de un vodevil, respira, e incluso podríamos decir, denuncia la sociedad clasista, injusta y caduca que tenía que reventar de alguna forma.

Hay que suponer que el emperador José II, preocupado como todos los poderosos por preservar el status quo que le confería su poder, debió de pedir unas garantías más sólidas antes de dar su autorización para representar la ópera que las que Da Ponte explica en sus memorias. Pero, sea como sea, cuando Mozart y Da Ponte escogieron y se pusieron a trabajar en el tema de Fígaro sabían muy bien dónde se metían. Conocían perfectamente las dificultades de la empresa. Por esto, está claro que los dos (especialmente Mozart) debían de tener un motivo muy importante para invertir horas y esfuerzos en la confección de una ópera que corría el riesgo de no poder representarse. Por lo tanto, la cuestión que debería picarnos la curiosidad es: ¿cuál era este motivo? ¿Por qué motivo Mozart se decantó por este tema entre los más de cien libretos que llegó a leer?

Esta es la pregunta exacta (la curiosidad exacta) que a Oscar Wilde le gustaría que hiciéramos. Esta es la pregunta exacta que debemos formularnos para comprender la grandeza de Mozart. Sin duda, el motivo tuvo que ser, no solo la infinidad de situaciones cómicas que hay en la obra y que son muy apropiadas para el genio de Mozart, sino sobre todo la carga de denuncia social. Y es que tuvo que ser Mozart, el primer músico que intentó independizarse de la nobleza y vivir como un *freelance* en pleno siglo XVIII, quien tenía que poner música y convertir la obra de Beaumarchais en una ópera capital.

La noche del estreno de la ópera en Viena, el éxito fue apoteósico. Prácticamente se repitieron todos los números, lo cual provocó que la representación durara casi tanto como dos óperas. Las siguientes noches, la ópera seguía triunfando, y las representaciones se alargaban tanto por las repeticiones que el emperador dictó una orden según la cual quedaba prohibida la repetición de números en los que interviniera más de un cantante. Pero, curiosamente, el éxito inicial de la ópera fue menguando. Seguramente, las rivalidades de algunos enemigos de Mozart y Da Ponte tuvieron algo que ver, pero más allá de eso es necesario pensar en el mismo argumento de la obra como auténtica causa de la desaparición definitiva de esta ópera en Viena. Es cierto que Mozart y Da Ponte habían eliminado las escenas más comprometidas, pero tampoco es menos cierto que a cambio no se ahorraron un lenguaje punzante de los criados hacia sus señores, ni dejaron de ofrecer una imagen muy poco simpática de un aristócrata rancio que intenta ejercer su *derecho* de pernada con su criada la noche antes de las nupcias. Un aristócrata que finalmente resulta humillado por el ingenio de sus criados y que acaba de rodillas pidiendo perdón a todos.

Casi se podría decir que Mozart y Da Ponte le colaron un gol por toda la escuadra al emperador y a la censura, y mostraron al mundo en 1787 lo que era inevitable que acabara ocurriendo: el fin del Antiguo Régimen y el inicio de la Revolución francesa, que se produjo cuando los revolucionarios tomaron la Bastilla dos años después, el 14 de julio de 1789.

Mozart, el hombre que nunca dejó de ser aquel niño pequeño y curioso, había llegado a la madurez total con solo treinta y un años. Se había convertido en uno de los compositores más importantes de la historia de la música. Había crecido, es cierto, pero no se había hecho mayor. De alguna manera seguía siendo aquel niño pequeño que Leopold, su padre, educó con los mejores maestros de Europa. Maestros que seguramente nunca rechazaron ninguna de las mil preguntas que el pequeño Mozart sin duda debió hacer. Maestros que nunca coartaron ni su talento ni su libertad, sino que los promovieron. Maestros pacientes y sabios, como los que yo tuve en la Escuela de Ópera de Sabadell, que sabían que todo lo que puede hacer un buen maestro es alimentar la curiosidad del alumno por aprender. Exactamente como explica el cuento *El niño pequeño* de la escritora estadounidense Helen E. Buckley, y que dice lo siguiente:

Había una vez un niño pequeño que fue a la escuela. Era muy pequeño y la escuela era muy grande. Pero, cuando descubrió que podía ir a su clase con solo abrir la puerta que tenía delante, se sintió feliz y la escuela ya no le pareció tan grande.

Una mañana, cuando el niño estaba en la escuela, la maestra le dijo: «Hoy haremos un dibujo.» «Qué bien», pensó el niño. A él le gustaba mucho dibujar. Podía dibujar muchas cosas: leones y tigres, vacas, gallinas, trenes y barcos. Sacó la caja de colores y empezó a pintar.

Pero la maestra dijo: «Esperad, aún no es hora de empezar.» Y esperaron a que todos estuvieran a punto. «Muy bien. Ahora...» —dijo la maestra—, «dibujaremos flores.» «Qué bien», pensó el niño. Le gustaba mucho dibujar flores y empezó a dibujar flores preciosas con todos sus colores.

Pero la maestra dijo: «Esperad, yo os enseñaré», y dibujó una flor roja con el tallo verde. El niño miró la flor de la maestra y luego miró la suya. A él le gustaba más la suya, pero no dijo nada y empezó a dibujar una flor roja con un tallo verde igual que la que había dibujado la maestra.

Otro día, cuando el niño estaba en clase, la maestra dijo: «Hoy trabajaremos con barro.» «Qué bien», pensó el niño. Le gustaba mucho el barro. Podía hacer muchas cosas con el barro: serpientes y elefantes, ratones y muñecas, camiones y coches. Así que empezó a estirar su bola de barro.

Pero la maestra dijo: «Esperad, aún no es momento de empezar.» Y esperaron a que todos estuvieran a punto. «Muy bien. Ahora... —dijo la maestra—, haremos un plato.» «Qué bien», pensó el niño. Le gustaba mucho hacer platos de barro y empezó a construir platos de diversas formas y medidas.

Pero la maestra dijo: «Esperad, yo os enseñaré», y ella mostró a todos los niños cómo hacer un plato hondo de barro. «Aquí lo tenéis —dijo la maestra—. Ahora podéis comenzar.» El niño miró el plato de la maestra y después miró el suyo. Le gustaba más el suyo, pero no dijo nada y empezó a hacer un plato hondo igual que el que había hecho su maestra.

Muy pronto, el niño aprendió a esperar y a mirar, a hacer las cosas igual que las hacía su maestra y dejó de hacer las cosas que surgían de sus propias ideas.

Un día ocurrió que la familia del niño se fue a vivir a otra casa y el niño cambió de escuela. El primer día de clase la maestra dijo: «Hoy haremos un dibujo.» «Qué bien», pensó el niño, y esperó a que la maestra le dijera cómo lo tenía que hacer.

Pero la maestra no dijo nada, solo caminaba y miraba. Cuando llegó a donde estaba el niño, le dijo: «¿No quieres empezar tu dibujo?» «Sí —dijo el niño—. ¿Qué tengo que dibujar?» «No lo sé —dijo la maestra—, tú mismo.» «Y, ¿cómo tengo que hacerlo?», preguntó el niño. «Como tú quieras», contestó la maestra. «Y, ¿puedo pintar con cualquier color?» «Sí, claro», repuso la maestra. «Si todos pintaseis el mismo dibujo con los mismos colores, ¿cómo podría saber quién ha hecho cada dibujo?» «No lo sé», dijo el niño, y empezó a pintar una rosa roja con un tallo verde.

A diferencia del pobre niño del cuento, que no tuvo la maestra adecuada, puedo imaginarme al pequeño Mozart ejercitando su curiosidad hasta el infinito. Descubriendo con sus maestros todos los secretos de la música. Leopold, el padre de Mozart, aprovechó la precocidad de su hijo para viajar por toda Europa y presentarlo a todas las cortes importantes del continente. En octubre de 1762, cuando Mozart solo tenía seis años, su padre lo llevó al palacio imperial vienés de María Teresa de Austria. Parece que la emperatriz tenía ganas de escuchar al niño prodigio de quien hablaba todo el mundo. Un niño capaz de tocar el clave con los ojos tapados y capaz también de improvisar las variaciones más alucinantes sobre cualquier tema que se le indicara. Cuando Mozart acabó su exhibición virtuosa, bajó del taburete y se cayó al suelo. María Antonieta, hija de la emperatriz, que entonces también tenía seis años, acudió rápidamente a ayudar al niño a levantarse. Mozart, espontáneo como siempre, le dijo: «¿Queréis casaros conmigo?» La broma del pequeño genio provocó una carcajada general. En aquel momento, ninguno de los presentes podía imaginarse el triste final de María Antonieta años más tarde, en la guillotina de París como reina de Francia. Supongo que de haberlo sabido, hubieran considerado con más atención la propuesta del pequeño Mozart. Pero, claro, ¿qué era un músico a mediados del siglo XVIII? Un subordinado. Un mandado al servicio de la nobleza. Solo alguien de una clase social inferior muy alejado del poder, de la aristocracia y aún más de la realeza.

Pero Mozart estaba por encima de las categorías sociales del Antiguo Régimen. El suyo era un espíritu universal y eterno. Por esto, es necesario saber una última curiosidad. Cuando compuso *Las bodas de Fígaro* utilizó el único instrumento que tenía, la música, para mostrar al mundo que todos los hombres somos iguales. Para logarlo, jugó con las tonalidades de los diferentes personajes, haciendo que al final de la obra, todos, aristócratas y criados, cantaran en la misma tonalidad: Re Mayor, ¡la tonalidad de la victoria y del aleluya! Mozart se avanzó con su música a uno de los documentos más importantes de la Revolución francesa: la *Declaración de los derechos del hombre y el ciudadano*. Un documento fundamental de la historia que habla, igual que la música de Mozart, de libertad e igualdad.

Bryan Henderson, el chico de Edimburgo que logró llegar al centro del cubo de la curiosidad, recibió su premio. Aquel premio que Peter Molyneux, el creador del juego, aseguró que cambiaría la vida de quien lo ganara. El premio consistió en cobrar dinero por la venta de cada unidad de un nuevo videojuego llamado *Godus*. Pero más allá del dinero, que podían convertir a Henderson en alguien rico si el juego era un éxito de ventas, nuestro joven de Edimburgo se convirtió en una especie de dios cibernético. A partir de ese momento, Bryan Henderson pasó a ser el jugador clave de *Godus*. Él era quien dictaba las reglas y quien podía cambiarlas a su antojo. Nunca antes se había hecho algo parecido en el mundo del videojuego: el destino de toda una comunidad de jugadores supeditado a los deseos de una sola persona, un dios. No sé si este premio se puede considerar *life changing* como dijo Molyneux. Tal vez sí. La verdad es que mi conocimiento del mundo de los videojuegos es bastante limitado y, por lo tanto, no puedo opinar. Pero lo que sí sé es que aquella fase aguda de curiosidad que comenzó en la Escuela de Ópera de Sabadell, y que aún continúa, sí que logró cambiar mi vida. La curiosidad me enseñó a volver a ser un niño. La curiosidad me enseñó que nunca hay que dejar de aprender. La curiosidad me enseñó que nada es evidente. La curiosidad me enseñó que, a pesar de lo que dijo Leonardo da Vinci, hay millones de cosas que afortunadamente no sabremos nunca. Porque, si lo supiéramos todo, nuestro cerebro se detendría y dejaría de pensar. Dejaríamos de ser curiosos e, irremediablemente, nos moriríamos.

LLORAR

You're gonna cry, cry, cry and you'll cry alone,
When everyone's forgotten and you're left on your own.
You're gonna cry, cry, cry.

Cry! Cry! Cry!²⁷
JOHNNY CASH

«Oiga, yo antes nunca había escuchado música clásica, pero cuando usted tocó ayer aquella pieza de *shopping*... cómo se lo diría... el año pasado mataron a mi hermano y no lloré. Pero ayer, cuando usted la tocó, pensé en él y sentí que las lágrimas me corrían por la cara. Y, ¿sabe una cosa? Poder llorar finalmente por mi hermano me liberó y me hizo sentir mucho mejor conmigo mismo.» Estas fueron las palabras que le dijo un niño al director de orquesta Benjamin Zander el día después de la famosísima conferencia que dio el año 2008 en la ciudad californiana de Monterrey. El título de la conferencia era *The transformative power of classical music* (*El poder transformador de la música clásica*), y en ella Zander explicó una experiencia personal que vivió cuando se encontraba en Irlanda del Norte en la resolución de conflictos entre los niños católicos y protestantes. Zander explicó a los niños el poder transformador de la música utilizando el preludio número 4 en Mi menor de Chopin. Zander les dijo a los niños que mientras él estuviera tocando el preludio ellos debían pensar en un ser querido. Tenían que pensar en alguien muy cercano. Alguien que estuviera vivo pero también, si querían, en alguien que hubiera muerto y a quien hubieran querido mucho. Un

---

27. «Llorarás, llorarás y llorarás solo. / Cuando te hayas olvidado de todo el mundo y te hayas quedado solo. / Llorarás, llorarás, llorarás», ¡*Llora! ¡Llora! ¡Llora!*

experimento arriesgado si tenemos en cuenta que ninguno de esos niños había escuchado música clásica y que se trataba de niños conflictivos de la calle. Zander tocó el preludio y muchos de aquellos niños sintieron la fuerza transformadora de la música de Chopin. Pero lo mejor aún tenía que llegar, cuando al día siguiente aquel niño se acercó a Zander para decirle que finalmente había podido llorar por su hermano.

A mí también me costó mucho aprender a llorar. Supongo que fue así porque nadie me había enseñado a hacerlo. Supongo que era porque llorar estaba mal visto. Parece como si tuviéramos que escondernos cuando lloramos, y es aún peor si eres un hombre. Pero, sea como sea, la cuestión es que yo no sabía y tuve que aprender solo. La vida me obligó.

Quería ser como Messi, el cantante más grande de todos los tiempos, pero no pudo ser. Quería ganar la Champions y el Mundial, pero no pudo ser. Quería cantar en la Scala de Milán, en el Metropolitan de Nueva York y en la Ópera estatal de Viena, pero no pudo ser. Quería ser el barítono más grande del mundo y estar a la altura de Titta Ruffo, Mattia Battistini, Ettore Bastianini, Leonard Warren o Robert Merrill, pero no pudo ser. Hubiera dado mi vida para conseguirlo, pero ni siquiera así hubiera sido posible. Después de unos cuantos años de carrera de cantante aquí y allá, me di cuenta de que nunca lo conseguiría. Me di cuenta de que mi sueño estaba fuera de mi alcance. Lo había dado todo, había estudiado más que nadie. Pero nunca podría cantar en la Scala ni jugar en el Barça. Nunca podría hundir el Metropolitan ni hacer un *hat trick* en el Camp Nou. Nunca podría ser el MVP (*Most Valuable Player*) del campeonato ni ser el reclamo de la temporada en Viena.

Según reza el principio de Peter, formulado por Laurence Peter y Raymond Hull en 1969, en una organización jerárquica, todo trabajador que hace bien su trabajo es promocionado hasta alcanzar su máximo nivel de incompetencia. Eso es exactamente lo que me ocurrió a mí. Mi incipiente carrera había transcurrido en lugares que, con todos mis respetos, no eran de primera línea. Podríamos decir que aquellos primeros años de carrera los pasé jugando en uno de aquellos equipos de fútbol que están entre la primera y la segunda división. Uno de aquellos equipos que un año sube a primera y el siguiente vuelve a bajar a segunda. En ese nivel me sentía cómodo, reconocido e incluso importante. Todo perfecto. Pero... yo quería más. Quería llegar a interpretar los grandes papeles en los grandes teatros. Y aunque no acababa de estar satisfecho con mi nivel de canto, pensaba que con más tiempo y madurez suficiente lograría llegar a mi ideal. Así que cuando me llamaron del Liceo para ir a cantar, pensé: «Esta es la mía. Por fin podré saber si puedo jugar de delantero centro en el Liceo. Por fin podré saber si tengo nivel para cantar en un teatro de primera.» El director artístico del teatro de la Rambla me contrató para cantar dos papeles minúsculos en dos óperas muy poco conocidas, pero fascinantes: *Sly*, de Ermanno Wolf-Ferrari y *Billy Budd*, de Benjamin Britten.

No me importó empezar en el banquillo y no me importó que los papeles fueran minúsculos. Era una manera de entrar en el primer equipo, en el Liceo. Una manera de poner un pie y después... ya veríamos. Llegar al Liceo y poder cantar al lado de los mejores era una oportunidad inmejorable para probar mis posibilidades, para saber si mi ideal, mi sueño, estaba a mi alcance.

La maravillosa ópera *Sly* de Ermanno Wolf-Ferrari está basada en la comedia *The Taming of the shrew* (*La fierecilla domada*) de William Shakespeare. Una obra en la cual el protagonista, Sly, un pobre diablo borracho y enamorado de una dama noble, es embaucado por el marido de esta, el conde de Westmoreland, haciéndole creer, después de dormirlo, que es un noble rico casado con la mujer que ama. Pero, cuando el conde se cansa de la farsa, despierta de su sueño a Sly, que de repente se encuentra frente a la cruda realidad: no es un noble rico a quien le corresponde el amor de su amada, sino un borracho acabado y escarmentado. El título completo de la ópera explica perfectamente el argumento: *Sly, ovvero la leggenda del dormente risvegliato* (*Sly, es decir, la leyenda del durmiente despertado*). Mientras cantaba mi minúsculo papel al lado de cantantes consagrados empecé a pensar que tal vez yo mismo fuera como el pobre Sly. Alguien que se estaba despertando de un sueño en el que había creído pero que no era real. Cantando con los mejores y hablando con ellos, fui despertándome y dándome cuenta de que tal vez nunca llegaría a ser el Messi de la ópera. Me di cuenta de que, como afirma el principio de Peter, estaba alcanzando mi máximo nivel de incompetencia. Mientras cantaba en teatros más modestos todo iba bien y hacía mi trabajo con satisfacción total, pero cuando llegó el momento de subir el grado de exigencia y cantar en un teatro de máximo nivel, me di cuenta de que iba justo. Es exactamente lo que le ocurre a cualquier empleado de cualquier empresa y que Laurence Peter descubrió después de estudiar muchísimos casos de incompetencia empresarial. Peter llegó a la conclusión de que todos los empleados incompetentes anteriormente hacían tareas para las que estaban perfectamente capacitados. Tareas que el trabajador había llevado a cabo con una gran eficacia y que, precisamente por esto, habían provocado que le promocionasen y escalara en el organigrama jerárquico de la empresa hasta alcanzar la posición en la que era perfectamente incompetente. Laurence Peter explica muchos casos reales en su libro. Quizá el que más llama la atención, por su trascendencia y la complejidad del personaje, sea el de Adolf Hitler. Según Peter, Hitler era un gran político gracias a su carisma y su oratoria potente, pero precisamente estas habilidades le llevaron a convertirse en el jefe de la Wehrmacht (las fuerzas armadas de la Alemania nazi), donde demostró su grado máximo de incompetencia. Según Peter, todas las decisiones que tomó como jefe del ejército fueron erróneas por culpa de la rigidez (incompetencia) de su pensamiento.

¿Cómo aceptar esta realidad que se iba imponiendo mientras me iba despertando del sueño igual que le había ocurrido a Sly? Difícil. No es fácil despertarse de un sueño en el que siempre se ha creído y que siempre ha parecido tan real. Cuando el pobre Sly se da cuenta de que todo lo que había creído verdadero no es más que un sueño, se quita la vida. El choque es demasiado fuerte para él. No puede enfrentarse a la cruda realidad. En mi caso, la posibilidad más fácil hubiera sido aceptar la situación y hacer una dignísima carrera cantando en los teatros adecuados para mí, pero... no podía. Alguna fuerza interior me lo impedía. Alguna voz interior me decía «o todo o nada». ¡Todo al rojo! ¡Todo al negro! Muchos me dijeron que mi nivel de autoexigencia era demasiado alto y que estaba exagerando. Que tenía que seguir y perseverar y que, con el tiempo, llegaría a alcanzar el nivel de canto que siempre había soñado. Quién sabe, quizá sí, quizá tenían razón, pero en aquel momento me pareció que debía detenerme para tomar una decisión vital. ¿Qué hacer? ¿Cantar o no cantar? ¿Seguir o no seguir?

Según el Génesis, el primer libro de la Torá y, por lo tanto, el primer libro del Tanakh, la Biblia hebrea, Dios creó el mundo en seis días y «... el séptimo día, Dios había acabado su obra. El séptimo día, pues, descansó de toda la obra que había hecho. Dios bendijo el séptimo día y lo convirtió en un día sagrado, porque ese día descansó de su obra creadora». Siguiendo el ejemplo del dios creador, los hebreos dedicaron el séptimo día de su semana al descanso y lo llamaron *shabbat*, que significa *descansar*. Este descanso hebreo relacionado con el número siete también se extendió a la agricultura. Por eso, era costumbre entre los hebreos dedicar el séptimo año de la cosecha a dejar la tierra en barbecho. Después de seis años de cosechas, los hebreos dejaban que la tierra descansara, igual que hizo Dios, durante el séptimo año. En una época en la que no había abonos, era necesario dejar descansar la tierra para que pudiera recuperar el empuje necesario. Este séptimo año de barbecho se llamaba, como no podía ser de otra forma, *año sabático*. Es decir, de descanso. Casualmente hacía seis años que yo había debutado en Sabadell con *Las bodas de Fígaro*. Habían sido seis años de carrera que habían dado sus frutos. Quizá no los mejores, pero sí unos frutos muy dignos. No obstante, me pareció que, al llegar el séptimo año, era momento de hacer un barbecho de mi carrera. Un año sabático para pensar y reflexionar sobre lo que tenía que hacer a partir de entonces.

El año sabático avanzaba y, totalmente despierto de mi sueño, comprendí al final que, igual que Sly, lo que había soñado y por lo que había trabajado tanto, nunca se haría realidad. Empecé a apagarme, a consumirme y a cerrarme en mí mismo. Intenté buscar consuelo en Victoria. Pero ella, la persona que había encendido la chispa de mi sueño, también se había apagado. Sus durísimas circunstancias personales la llevaron a apartarse del mundo. Y, como si el destino nos estuviera jugando una mala pasada, nos encontramos los dos atrapados por el maravilloso poema de Friedrich Rückert que Gustav Mahler musicó el 16 de agosto de 1901.

Ich bin der Welt abhanden gekommen,
Mit der ich sonst viele Zeit verdorben,
Sie hat so lange nichts von mir vernommen,
Sie mag wohl glauben, ich sei gestorben!

Es ist mir auch gar nichts daran gelegen,
Ob sie mich für gestorben hält,
Ich kann auch gar nichts sagen dagegen,
Denn wirklich bin ich gestorben der Welt.

Ich bin gestorben dem Weltgetümmel,
Und ruh' in einem stillen Gebiet!
Ich leb' allein in meinem Himmel,
In meinem Lieben, in meinem Lied![28]

Leí millones y millones de veces el poema de Rückert y escuché millones y millones de veces la música de Mahler. Un músico tan bri-

_____

28. «Me he apartado del mundo / en el que había desperdiciado tanto tiempo. / ¡Hace tanto que no sabe nada de mí / que debe de pensar que estoy muerto! // Me importa muy poco / que me crea muerto; / y no puedo decir nada en contra, / puesto que de verdad estoy muerto para el mundo. // ¡Estoy muerto para el mundo ruidoso / y reposo en un lugar tranquilo! / ¡Vivo solo, en mi cielo, / en mi amor, en mi canción!»

llante que escogió el Fa Mayor, la tonalidad de la complacencia y la tranquilidad, para expresar el sentimiento del retiro, el aislamiento y el encierro en uno mismo. Tocaba en el piano, un día y otro, la canción de Mahler, pero no hallaba consuelo. Me había apartado del mundo, me había apagado, había renunciado a mi sueño, me encontraba en *stand-by* y, a pesar de que la canción de Mahler me explicaba con exactitud mi situación, no me consolaba. La escuchaba, la volvía a escuchar, las volvía a tocar... pero cada día me encontraba peor.

Mahler fue un hombre que sufrió terriblemente. Un hombre que se apartó muchas veces del mundo ruidoso. Un hombre tan sufridor e inseguro que, siguiendo el consejo de su amigo Bruno Walter (que después llegaría a ser uno de los grandes directores de orquesta de la primera mitad del siglo xx) se puso en manos de la persona que en 1899 revolucionó el mundo con su obra, *Die Traumdeuteng* (*La interpretación de los sueños*): Sigmund Freud. Mahler, desesperado y con una melancolía creciente, envió un telegrama a Freud para pedirle cita en su consulta, pero enseguida envió un segundo telegrama cancelando la petición. Lo mismo sucedió un tiempo después: una nueva cita y una nueva cancelación, hasta que en agosto de 1910, mientras Freud estaba de vacaciones en el mar del Norte, le envió un nuevo telegrama, esta vez con carácter urgente, en el que el compositor le pedía desesperadamente ayuda. Freud no quería interrumpir sus vacaciones, pero la desesperación que expresaba el telegrama y la posibilidad de psicoanalizar a un hombre tan importante, le llevaron a citar al compositor en la ciudad holandesa de Leiden, entre Ámsterdam y Rotterdam. Una ciudad con un nombre que, en alemán, significa *sufrimiento*. Curioso.

Durante las cuatro horas que duró la sesión, Mahler reconoció todos sus complejos y miedos. Freud declararía años más tarde que ningún otro paciente había expresado con tanta claridad en una sesión de psicoanálisis la lucha entre Eros (el instinto de la vida) y Tánatos (el instinto de la muerte). Después de su sesión con Freud, Mahler fue capaz de reincorporarse a su trabajo y hacer una gira por

Estados Unidos, a pesar de su precario estado de salud. Pero solo nueve meses después, Mahler murió a causa de fiebres reumáticas, por endocarditis bacteriana y afectación valvular cardiaca. La música que dejó es el testimonio de su personalidad atormentada y compleja. Una personalidad difícil que no estoy seguro que le permitiera llorar. Sus miedos, sus complejos y sus inseguridades le atenazaban y le colapsaban. Un hombre que, después de todo lo que he podido leer sobre él, no fue capaz de llorar cuando tenía que hacerlo. Esta es la conclusión a la que he llegado.

Veinte años después de que Mahler muriera en Viena, otro monstruo musical nació muy lejos de Europa. Concretamente en la pequeñísima localidad de Kingsland, en el estado de Arkansas. Un hombre que fue bautizado con las iniciales de J. R., ya que sus padres no encontraron un nombre adecuado que ponerle al niño. Años más tarde, ese niño sin nombre acabaría convirtiéndose en el mítico Johnny Cash: uno de los pilares de la música country, góspel, blues y rock 'n' roll. No solo un músico excepcional, sino también un extraordinario contador de historias. Lo más curioso es que estos dos músicos, que en apariencia están muy alejados el uno del otro, tanto musical como geográficamente, vivieron circunstancias vitales muy similares. Ambos sufrieron la pérdida traumática de sus hermanos; Mahler perdió a su hermano Ernst cuando tenía quince años; y Jack, el hermano de Cash, murió cuando el músico solo contaba trece. Los dos vivieron una relación muy larga y difícil con las mujeres a las que amaron. Dos mujeres con una personalidad muy fuerte: Alma Schindler y June Carter. Dos mujeres que, más allá de ser sus musas, tenían su propia visión del mundo y sus propias carreras; Mahler, además, perdió a su hija mayor, Marie, mientras que Cash tuvo que vivir durante unos años apartado de las suyas. Frente a todas estas contrariedades, los dos lucharon para intentar encontrar un camino que los ayudara a seguir hacia adelante; Mahler, como hemos visto, acudió a Sigmund Freud; y Cash, desafortunadamente, saltó al vacío y cayó en la adicción a la cocaína de la cual, por suerte, pudo liberarse unos años más tarde.

Ahora bien, a pesar de haber vivido vidas en circunstancias tan similares, sus reacciones musicales frente a estas fueron totalmente diferentes. Y así como Mahler musicó, sin verter ni una lágrima, el poema de Rückert que habla de apartarse del mundo y vivir solo en su propia música, Cash escribió una canción que directamente habla de llorar. De llorar todo lo que puedas. *Cry! Cry! Cry!* (*¡Llora! ¡Llora! ¡Llora!*):

Everybody knows where you go when the sun goes down
I think you only live to see the lights of town
I wasted my time when I would try, try, try
'Cause when the lights have lost their glow you're gonna cry, cry, cry.

Soon your sugar daddies will all be gone
You'll wake up some cold day and find you're alone
You'll call for me but I'm gonna tell you bye, bye, bye
When I turn around and walk away you'll cry, cry, cry.

You're gonna cry, cry, cry and you'll cry alone
When everyone's forgotten and you're left on your own
You're gonna cry, cry, cry.[29]

Cuando escuché la canción por primera vez, me di cuenta de que Johnny Cash sí que había sido capaz de hacer lo que Mahler no había logrado: llorar. Yo tampoco había podido. Tampoco había llorado durante aquel año sabático. Me había encerrado en mi mundo interior con la música de Mahler, pero había olvidado que tal vez

---

29. «Todos saben dónde vas cuando se pone el sol. / Creo que solo vives para ver las luces de la ciudad. / Perdí el tiempo intentándolo, intentándolo, intentándolo, / porque cuando se apaguen las luces llorarás, llorarás, llorarás. / Muy pronto tus queridos padres se irán. / Te despertarás un día frío y estarás solo. / Me llamarás, pero yo te diré adiós, adiós, adiós, / y cuando me dé la vuelta y me vaya, tú llorarás, llorarás, llorarás. // Llorarás, llorarás, llorarás y llorarás solo / cuando te hayas olvidado de todos y te hayas quedado solo, / llorarás, llorarás, llorarás.»

llorar a la manera de Johnny Cash podría ayudarme a encontrar el consuelo que no tenía. El músico británico Elvis Costello dice: «La vida es muy extraña. No sé por qué, pero siempre hay alguien en algún lugar que tiene que llorar.» Cierto, yo tendría que haber encontrado consuelo a través del llanto durante aquel año, pero no lo hice. No se me ocurrió. Simplemente, porque no tenía ni idea de cómo hacerlo. Nadie me había enseñado. Pero, aun así, pensé que llorar quizá me ayudaría a encontrar el consuelo que me faltaba. Al menos, tenía que intentarlo. Me autoconvencí de que la única manera posible de encontrar consuelo sería llorando. Así que tuve que aprender a hacerlo, pero, ¿cómo? Necesitaba un libro de instrucciones. Lo busqué y rebusqué hasta que al final lo encontré. El libro *Historias de cronopios y de famas*. Un libro muy curioso y surrealista del escritor argentino Julio Cortázar, que incluye un encantador apartado con instrucciones para llorar:

Instrucciones para llorar

Dejando de lado los motivos, atengámonos a la manera correcta de llorar, entendiendo por esto un llanto que no ingrese en el escándalo, ni que insulte a la sonrisa con su paralela y torpe semejanza. El llanto medio u ordinario consiste en una contracción general del rostro y un sonido espasmódico acompañado de lágrimas y mocos, estos últimos al final, pues el llanto se acaba en el momento en que uno se suena enérgicamente. Para llorar, dirija la imaginación hacia usted mismo, y si esto le resulta imposible por haber contraído el hábito de creer en el mundo exterior, piense en un pato cubierto de hormigas o en esos golfos del estrecho de Magallanes en los que no entra nadie, nunca. Llegado el llanto, se tapará con decoro el rostro usando ambas manos con la palma hacia adentro. Los niños llorarán con la manga del saco contra la cara, y de preferencia en un rincón del cuarto. Duración media del llanto, tres minutos.

Más allá de la ocurrencia y del ingenio de Cortázar, recordé los motivos que me habían llevado a esa situación y empecé a llorar. Primero con miedo y después cada vez con más ganas y convicción. No lloré solo durante tres minutos, como dice Cortázar, sino durante días y días. Lloré lágrimas de desconsuelo, lágrimas de tristeza, lágrimas de rabia, lágrimas de impotencia, lágrimas de incompetencia, lágrimas de dolor, lágrimas de duelo, lágrimas de angustia, lágrimas de olvido, lágrimas pasadas y lágrimas de música. Me liberé y lloré como una Magdalena, sin vergüenza, porque como dice Charles Dickens en su extraordinaria novela *Great Expectations* (*Grandes esperanzas*): «Nunca tenemos que avergonzarnos de nuestras lágrimas».

Pero, ¿por qué necesitamos llorar? Cuando Charles Darwin trató de resolver el enigma de la cola del pavo real, su capacidad de deducción evolucionista le permitió encontrar una respuesta lógica. Darwin razonó que el pavo real mostraba la belleza de su cola para tener más posibilidades de atraer a las hembras y, por lo tanto, de aparearse. Ahora bien, cuando trató de explicar la propensión humana a llorar, no logró encontrar una respuesta adecuada y después de darle muchas vueltas llegó a la conclusión de que el llanto podría ser una estrategia social. Una manera de llamar y reclamar la atención de los demás. Una especie de señal visual de socorro dirigida a la gente que nos rodea.

El experto en lágrimas, el doctor William H. Frey de la Universidad de Minnesota ha intentado encontrar una respuesta científica al hecho de llorar y ha llegado a la siguiente conclusión: las lágrimas reflejas son un 98 % de agua y tienen la simple función biológica de hidratar el ojo, pero las lágrimas emocionales, contienen una hormona producida por la glándula pituitaria que va asociada al estrés. De este modo, cuando nos encontramos frente a una situación de alto estrés emocional, nuestro cuerpo ha desarrollado el mecanismo del llanto para que las lágrimas (con su hormona correspondiente) puedan regular y disminuir nuestro nivel de estrés. Por lo tanto, las personas necesitamos llorar para sentirnos mejor frente a una situación emotiva estresante. Tal vez sí. Pero me gusta más la explicación del gran poeta romano Ovidio: «Llorar proporciona una sensación de alivio; como si el dolor quedara amortiguado y se fuera con las lágrimas.» Es curioso que dos mil años antes de que Frey expusiera su teoría científica llena de hormonas, glándulas y estrés, Ovidio, sin ningún tipo de conocimiento científico, dijera prácticamente lo mismo. Y es que, puestos a escoger entre un científico y un poeta, ¿quién no escogería al poeta?

En la novela *The silver chair* (*El trono de plata*), la cuarta entrega de la serie fantástica *The Chronicles of Narnia* (*Las crónicas de Narnia*), C. S. Lewis escribe: «Llorar está bien mientras dura, pero antes o después se tiene que parar y entonces todavía has de decidir qué hacer.» Cuánta razón. Llorar me proporcionó el consuelo que necesitaba. Igual que el niño de Irlanda del Norte que logró llorar por su hermano muerto después de escuchar el preludio número 4 en Mi menor de Chopin, llorar me ayudó, como dijeron Ovidio y Frey, a rebajar mi nivel de dolor y de estrés. Definitivamente, llorar me hizo sentir mejor conmigo mismo. Pero una vez acabé de llorar, aún tenía que decidir qué hacer. Una decisión difícil que no habría podido tomar si no hubiera tenido el coraje de llorar, porque como dice Victor Hugo: «Los que no lloran, no ven.» Y es que después de llorar todo se ve más claro, todo se ve desde la perspectiva adecuada y resulta mucho más fácil tomar la decisión acertada.

Decidí dejar el canto. Decidí seguir apagado, seguir apartado y alejado del mundo. Decidí seguir en *stand-by* y bajar del segundo tren musical de mi vida. A partir de aquel día nunca más volví a cantar. Mi sueño se había desvanecido para siempre. Hubiera dado la vida para llegar al Liceo y decir, como Julio César después de su victoria en la batalla de Zela: «*Veni, vidi, vici*» («Vine, vi, vencí»). Pero, en lugar de esto, lo único que pude decir fue: «*Veni, vidi, flevi*» («Vine, vi, lloré»).

HIBERNAR

Enthüllet den Gral!

Parsifal (Acto I)[30]
RICHARD WAGNER

Permanece absolutamente quieto en un sueño muy profundo, mucho más de lo que se había creído hasta ahora. Nada puede estorbarlo. Su corazón casi deja de latir, casi se para. Su cuerpo se enfría, casi como si estuviera muerto. El proceso de hibernación es un maravilloso misterio de la naturaleza. Pero la hibernación de los osos negros resulta aún mucho más alucinante de lo que creía todo el mundo. Investigadores del Instituto de Biología del Ártico de la Universidad de Alaska Fairbanks han descubierto que los osos negros americanos muestran grandes disminuciones en su metabolismo durante la hibernación. Su cuerpo se ralentiza hasta un 75 %. Respiran solo una o dos veces por minuto, mientras el corazón late cada veinte segundos. El interés de la ciencia en la hibernación de los osos negros va más allá de la bilogía comparativa. Si nuestro corazón latiera tan despacio, nos desmayaríamos. Comprender por qué los osos pueden sobrevivir con cantidades tan bajas de oxígeno podría ayudar a todas aquellas personas que, por algún motivo, perdieran el flujo de oxígeno del cerebro. La hibernación de los osos podría ayudarnos a entender cómo sobrevivir sin alimento durante meses, convirtiendo el alimento ingerido antes de la hibernación en energía.

Después de dejar el canto empecé mi proceso de hibernación. Como si fuera un oso negro, ralenticé mi metabolismo, empecé

---

30. «Descubrid el Grial.»

171

a respirar más lentamente y mi corazón se habituó a un ritmo más pausado. Pocas pulsaciones por minuto. Muy pocas. Tuve que aprender a vivir sin el oxígeno del canto, el motor que me había movido hasta ese momento. Mi familia me ayudó a soportar una herida que, aunque el tiempo pasaba, no se curaba. Una de aquellas heridas que no se cura con el tiempo. Una herida que seguía sangrando y seguía doliéndome. Mi herida era (y sigue siendo) como la de Amfortas, el rey de los caballeros que custodian el Santo Grial. Un herida incurable.

Amfortas, rey del Grial de la última ópera de Richard Wagner, *Parsifal*, tiene en su costado la misma herida que padeció Cristo en la cruz. Y no solo eso, su herida ha sido producida por la misma lanza que atravesó el cuerpo del hijo de Dios durante la crucifixión. Me olvidé de todas las demás óperas y, como si el resto del mundo hubiera desaparecido, cada día y cada noche escuchaba *Parsifal*. Me veía reflejado en esa historia de caballeros que custodian el Santo Grial, sumidos en una especie de hibernación, a raíz de una herida incurable de su rey, mientras esperan despertarse con la llegada de su redentor: Parsifal.

Solo la esperanza de despertarse de la hibernación en la luz del Santo Grial mantiene con vida a los caballeros. Un Santo Grial que se encuentra en la montaña de Montsalvat. Una montaña que, según Wagner, está en el norte de España. ¿Cuántos habrán querido encontrar el Santo Grial? De cuya copa, según la tradición cristiana, Jesús de Nazaret bebió durante la última cena antes de despedirse de sus discípulos. Muchos lo han buscado y muy pocos lo han encontrado. Incluso los nazis lo buscaron. Pensaban que les proporcionaría un poder superior y que les ayudaría a ganar la guerra. Así, el 23 de octubre de 1940, el mismo día que Francisco Franco y Adolf Hitler se encontraban en Hendaya, Heinrich Himmler, el jefe de las SS, llegó a Barcelona con una misión secreta. Naturalmente, la prensa de la época, que no conocía el objetivo real de la visita de Himmler, solo hizo la propaganda correspondiente de la llegada del comandante alemán y de su magnánima generosidad por haber donado veinticinco mil pesetas para socorrer a los damnificados por las inundaciones ocurridas unos días atrás en la cuenca del río Ter.

En su libro *La abadía profanada*, Montserrat Rico Góngora explica cómo Himmler se presentó en la abadía de Montserrat acompañado por un séquito de alemanes rubios de las SS y por algunas autoridades de la ciudad de Barcelona. Llegaron después de la hora de comer. El abad de Montserrat, Antoni Maria Marcet, hubiera preferido no recibirlos, pero zafarse de la visita del comandante de las SS hubiera sido, sin duda, peligroso. La penosa tarea de recibir a Himmler recayó en el joven padre Andreu Ripoll, el único miembro de la congregación que hablaba alemán. Pero, ¿qué diablos hacía un tipo como Himmler en Montserrat? Un hombre que no solo se declaraba anticristiano, sino que se dedicaba a perseguir a la Iglesia.

El verdadero objetivo de su viaje se habría perdido para siempre si no hubiera sido por el testimonio que el padre Andreu Ripoll dio mientras vivía en la residencia geriátrica Can Torras de Alella. Sesenta y dos años después de lo que ocurrió en la abadía de Montserrat, Andreu Ripoll, ya secularizado y con las dificultades propias de su avanzada edad, relató el verdadero motivo que llevó a Himmler a Barcelona y Montserrat: ¡encontrar el Santo Grial!

Los nazis buscaron el Santo Grial en diferentes lugares y el hecho de incluir Montserrat en su lista de posibles lugares donde encontrar la reliquia tiene mucho que ver con el trovador del siglo XIII Wolfram von Eschenbach y con Richard Wagner. La primera noticia que tenemos del Grial es el evangelio apócrifo de San Nicodemo. Este texto se convirtió en la fuente de inspiración de innumerables relatos folclóricos que pasaron a la tradición literaria de la mano de Chrétien de Troyes, quien murió antes de poder acabar la historia. Más tarde otros trovadores, como Robert de Boron o Wolfram von Eschenbach, acabaron la historia e hicieron suyas las interpretaciones sobre la sagrada reliquia. Richard Wagner adaptó la versión de Eschenbach y situó el maravilloso castillo del Grial cerca de los Pirineos.

El hecho de que Wagner ubicara su castillo del Grial en el norte de España no es casual. Montserrat se había convertido durante el siglo XIX, por increíble que parezca, en uno de los símbolos del imaginario romántico centroeuropeo. Todo empezó cuando, en el año 1800, el lingüista alemán del círculo literario de Weimar Wilhelm von Humboldt viajó a la montaña benedictina. Durante su ascensión a la montaña, por el antiguo camino de Collbató hasta el monasterio, Humboldt vivió una experiencia mística. Las cruces en la cima de los picos, la niebla, la vegetación selvática y las campanas del monasterio le trajeron a la memoria el poema *Die Geheimisse* (*Los misterios*) de su buen amigo Goethe, escrito en 1784. Un poema que habla de un peregrino que sube una montaña en la que hay un monasterio habitado por ermitaños. Tal fue la impresión que Montserrat causó en Humboldt que, al regresar a París, le escribió una carta a Goethe en forma de ensayo y con el título *Montserrat bei Barcelona* (*Montserrat, cerca de Barcelona*). En la carta/ensayo, Humboldt le dice a Goethe que en Montserrat ha encontrado el lugar ideal donde el hombre puede vivir en perfecta armonía con la naturaleza salvaje. El 2 de noviembre de 1800, Goethe envió el ensayo de Humboldt a otro buen amigo que también era miembro del círculo literario de Weimar: Friedrich Schiller. Tanto Goethe como Schiller se quedaron fascinados, y Montserrat se erigió en el mundo sajón de Weimar (cuna del romanticismo) como un símbolo modélico y como un prototipo del mundo sensible. Tanto es así que Goethe llegó a escribir en un artículo publicado en 1816 dirigido a una asociación estudiantil: «El hombre solo puede encontrar la paz y el sosiego en su propio Montserrat».

El nombre de Montserrat fue calando en los círculos intelectuales alemanes y se fue difundiendo hasta llegar a Arthur Schopenhauer o Richard Wagner. De ahí que la impresionable élite nazi, fiel seguidora de Wagner, no tardara mucho en identificar el Montsalvat que Wagner menciona en su *Parsifal* con la montaña de Montserrat. No había alternativa. Todo parecía conducir a los nazis hacia Montserrat. Incluso el mosén Jacint Verdaguer había excitado la imaginación de los nacionalistas cuando supieron que había un verso de la letra del *Virolai* que decía: «Mística fuente del agua de la vida.» Un verso que Himmler se tomó al pie de la letra como si se tratara de un mensaje encriptado. Un *mensaje* que no hacía más que reforzar sus paranoias.

Evidentemente, Heinrich Himmler y toda su *troupe* se fueron de Montserrat con las manos vacías. La abadía de Montserrat no era depositaria del Santo Grial. O, como mínimo, no era depositaria de aquello que los nazis pensaban que era el Grial: un cáliz, un objeto, una reliquia. Ingenuos.

Si en los últimos años hay un icono cinematográfico que ha luchado como ningún otro contra los nazis, es Indiana Jones, el intrépido arqueólogo creado por la mente de Georges Lucas. Un personaje que, según el ranking que el American Film Institute realizó en 2003, es considerado el segundo héroe más grande de la historia del cine. Solo por detrás de Atticus Finch, el personaje que interpretaba Gregory Peck en la película *Matar a un ruiseñor*. Pues bien, Indiana Jones comete el mismo error que sus enemigos alemanes al creer que el Grial es un cáliz, un objeto. En la tercera entrega de la serie, *Indiana Jones y la última cruzada*, estrenada en 1989, contratan a Indiana Jones para que encuentre el Santo Grial. Durante la búsqueda descubrimos la difícil relación del protagonista con su padre, el verdadero experto sobre el Grial. Al final, los dos consiguen encontrar el Grial y, cuando lo tienen, un terremoto hace desaparecer el cáliz en las profundidades de la Tierra. Indiana Jones intenta seguirlo y recuperarlo, pero su padre lo detiene para decirle que lo olvide, que no se desviva por recuperarlo. Durante la película, padre e hijo se han ido reencontrando y, en la escena final, cuando el cáliz se pierde, el padre le hace entender a su hijo que el Grial no es un cáliz tragado por la Tierra, sino que es algo más, algo mucho más importante. Como, por ejemplo, su relación reencontrada.

El Grial no es un cáliz de poder. El Grial no es un objeto. El Grial no es una reliquia. El Grial no es nada de todo eso. El Grial es una luz. El Grial es un sueño. El Grial son unos ojos para ver claro. El Grial son unos pies para caminar. El Grial son unas manos para mover montañas. El Grial es un periodo de hibernación. Los caballeros que lo custodian lo saben, por eso esperan pacientemente en estado de hibernación. Esperan a un redentor. Esperan a alguien que pueda curar la herida incurable de Amfortas. Y mientras esperan, ralentizan, igual que el oso negro, su metabolismo y sus pulsaciones por minuto.

Pero, ¿cómo seguir viviendo sin oxígeno? ¿Cómo seguir viviendo sin el canto? ¿Cómo seguir viviendo si la herida que tienes en el costado no se cura y sigue doliendo? Hibernando, esperando y encontrando fuentes alternativas de energía. Me entregué al estudio de la filosofía, de la antropología, de la etnología, de la historia del arte, de la historia de la literatura, de la ética, del latín... y después de dar unas cuantas vueltas empecé a entender la verdadera naturaleza y la esencia del Grial: el Grial es todo aquello que quieras que sea. Leía y tocaba en el piano la maravillosa partitura de *Parsifal*. No esperaba que ningún redentor viniera salvarme, pero aquella música me hacía compañía. Me hacía mucha compañía. Wagner dibuja el Grial en La bemol Mayor. Al principio no le di mucha importancia a este aspecto. Pero pronto me di cuenta de que tenía que ser importante. ¿Por qué Wagner, un hombre que lo pensaba todo dos veces y que no hacía algo si no tenía un buen motivo, había escogido esa tonalidad y no otra para mostrar el Grial?

Durante los últimos doscientos años y, especialmente con la llegada del Romanticismo, se ha escrito y se ha vuelto a escribir todo y más sobre las tonalidades musicales y sus supuestas propiedades. Infinito negro sobre blanco para intentar averiguar si una tonalidad es más íntima que otra. Para saber si una tonalidad concreta hace referencia a la naturaleza, a la tristeza, a la melancolía, a la esperanza o a cualquier otro sentimiento específico. Páginas y más páginas para intentar comprender si las tonalidades tienen o no tienen algún sentido en sí mismas. Uno de los primeros que intentó poner orden en este mundo de los sentimientos y las tonalidades fue el musicólogo e historiador alemán Friedrich W. Marpurg, cuando en 1776 publicó su libro *Versuch über die musikalische Temperatur* (*Ensayo sobre la temperatura musical*). Para Marpurg, las distintas tonalidades confieren a la música *temperaturas* diferentes. A principios del siglo XIX se publicó el famoso libro *Ideen zur einer Aesthetik der Tonkunst* (*Ideas para una estética musical*) del compositor Christian Friedrich Schubart. Un libro que dedica toda su segunda parte a hacer una lista de las tonalidades y sus supuestas características sonoras. En el siglo XX, apareció un tercer libro indispensable: *Die Sprache de Tonart in der Musik von Bach bis Bruckner* (*La simbología de las tonalidades en la música desde Bach hasta Bruckner*), escrito por el orientalista Hermann Beckh. Desde entonces se han publicado muchos otros libros que tratan de saber cuál es el sentido o el sentimiento que se oculta detrás de cada tonalidad. Pero, sin desmerecer a nadie, a mí siempre me ha parecido que la clave para desentrañar el sentido de las tonalidades es Beethoven. Siempre Beethoven. Siempre mi héroe. Beethoven nació bajo el signo de Sagitario el 16 de diciembre de 1770. Pocos días antes del solsticio de invierno. Justo cuando el día es más corto y la noche es más larga. Beethoven, un hombre con una luz interior sobrenatural, nació envuelto por la oscuridad de la larga noche del solsticio de invierno. Pero su alma era demasiado grande para sucumbir a la negra noche y escogió mostrarnos sus sentimientos más profundos, aquellos más luminosos. Y, para hacerlo, eligió la tonalidad de La bemol Mayor. Algunos ejemplos son: el segundo movimiento de la quinta sinfonía, el segundo movimiento de la sonata *Patética* o el primer movimiento de la sonata número 31 (opus 110). Cuando la noche es más larga, cuando la oscuridad que nos envuelve es más espesa, cuando parece que no hay esperanza, Beethoven nos muestra su interior, su luz, su alma con la pureza del La bemol Mayor. Wagner, que era un experto conocedor de la obra de Beethoven, tomó el relevo y, cuando tuvo que mostrar el Grial, siguió el ejemplo de Beethoven y utilizó la tonalidad de la luz. La tonalidad de la fuerza interior cuando todo alrededor es lóbrego y oscuro. Y es que el Grial, prácticamente en estado de hibernación, tiene una inmensa luz interior pero todo a su alrededor, por culpa de la herida de Amfortas, es oscuridad. He aquí por qué Wagner escogió esta tonalidad y no otra como la tonalidad fundamental de una ópera que tiene como tema central el Grial.

Otros compositores como Liszt o Schubert siguieron el sentido del La bemol de Beethoven. En el inicio de su impromptu número 3, Schubert prácticamente calca la sonata número 12 de Beethoven y Franz Liszt da un paso más cuando compone su *Liebestraum* (*Sueño de amor*). Porque, ¿qué es un sueño de amor? Unos enamorados tan llenos de luz que parece que el resto del mundo sea oscuro. Nos amamos en la noche que nos rodea. Cuando nos enamoramos, cuando nuestra luz interior quiere brillar, lo hacemos, como Beethoven, en La bemol Mayor. Nos queremos cuando es de noche, lo hacemos cuando está oscuro. También por esa razón, cuando los amantes Tristán e Isolda se aman durante el segundo acto al amparo de la negra noche, Wagner hace que se amen en La bemol Mayor. Y es que, ¿quién puede pensar que los sentimientos más íntimos, profundos y luminosos que Beethoven quería mostrar al mundo cuando le rodeaba la oscuridad, no eran sino sentimientos de amor?

Por lo tanto, el Grial es, sobre todo, desde que Beethoven desnudó su alma y nos mostró su interior, una fuente de amor cuando el mundo está en la oscuridad. Por ello, cuanto más herido (como Amfortas) me encontraba, cuanto más a oscuras me encontraba, fue cuando más aprendí a amar la música. Beethoven, Wagner, Liszt y Schubert me mostraron una nueva forma de amar. Una nueva forma de amar la música. Desde dentro, desde el interior, hacia afuera, hacia el exterior. Un exterior frío, oscuro, lóbrego e invernal.

Tenía que ser precisamente un día muy frío de invierno, un 15 de enero de 2005. Victoria murió. Tenía ochenta y un años. Un par de días más tarde se ofició su funeral en la basílica de Santa María del Mar. El inmenso amor que la gente sentía por ella hizo que la iglesia gótica se quedara pequeña. La llenaron más de un millar de personas. Entre ellas, yo. De pie, como muchos otros, me escondí en un lateral, sin darme a conocer y sin saludar a nadie. Inmóvil, permanecí anónimo y tan quieto como pude durante toda la ceremonia. El Liceo quiso dar a Victoria el homenaje que ella siempre se negó a recibir en vida y la orquesta y el coro del Gran Teatro del Liceo tocaron algunas obras bajo la dirección de Sebastian Weigle. Pero, por encima de todas las obras que tocaron y cantaron, resonó, mientras su féretro entraba en el pasillo central de la basílica, toda la fuerza y la espiritualidad del preludio en La bemol Mayor del *Parsifal* de Richard Wagner. Aquel día, como ningún otro, el La bemol Mayor sonó con más sentido que nunca. Mientras su féretro avanzaba hasta el altar, el Grial mostró toda su luz interior, toda su fuerza, todo su amor. Lo hizo precisamente cuando a su alrededor todo parecía desolación, tristeza y oscuridad. En ese momento, mientras sonaba la música, Victoria, transformada en la perfecta imagen del Santo Grial nos hizo entender a todos los que estábamos allí que, incluso en los momentos más oscuros, hay una luz interior que no se apaga. La luz del Grial, la luz del amor, la luz del La bemol Mayor.

Cuando el féretro de Victoria abandonaba la basílica, todo el mudo irrumpió en una sentida ovación. Seguí anónimo e inmóvil esperando a que se fueran todos. Con la iglesia casi vacía, me senté en un banco. Permanecí así un buen rato. Un rato muy largo. Afuera hacía frío. Un frío de invierno. Un frío del mes de enero. Muy pronto iba a oscurecer. Muy pronto iba a hacerse de noche. Pero no me importaba, ya hacía tiempo que vivía con una herida abierta. Ya hacía tiempo que vivía en un mundo oscuro en el que el canto solo era una reminiscencia del pasado. Como el oso negro cuando hiberna, todo era oscuridad fuera de la madriguera. Los investigadores del Instituto de Biología del Ártico de la Universidad de Alaska Fairbanks estaban estudiando el proceso de hibernación de los osos negros para comprender cómo pueden sobrevivir con unas constantes vitales tan bajas. Lo hacen con la esperanza de aplicar estos conocimientos a las personas que, por un motivo u otro, pierden temporalmente el flujo de oxígeno en el cerebro. Sin duda, un objetivo muy loable. Pero tal vez innecesario. Yo logré vivir sin el oxígeno del canto. Logré vivir en hibernación durante años. Pude hacerlo porque tenía algo que los investigadores ignoraban.

Tenía un tesoro. Tenía una luz. Tenía el La bemol Mayor de Beethoven y de Wagner. Tenía la última lección que me enseñó Victoria: el Grial no se apaga nunca. Incluso cuando estamos hibernando, el Grial siempre permanece encendido esperando a que llegue la primavera.

COMPARTIR

And I think to myself
What a wonderful world.

What a wonderful world[31]
George David Weiss, Bob Thiele
Louis Armstrong

Dos hombres gravemente enfermos ocupaban la misma habitación de un hospital. Uno de ellos, el que tenía la cama al lado de la ventana, podía sentarse durante una hora cada tarde para favorecer sus drenajes. El otro, en cambio, no podía levantarse y siempre debía permanecer en cama. Ambos mataban el tiempo hablando durante horas y horas sobre sus familias, sus oficios y sus vidas. Cada tarde, cuando el hombre que tenía la cama al lado de la ventana podía sentarse, pasaba el rato describiendo a su compañero de habitación todo aquello que veía por la ventana. El hombre de la otra cama empezó a esperar y a vivir aquella hora de la tarde con alegría. Las tardes se hacían menos cansinas gracias a todo aquello que su compañero le explicaba. La ventana tenía vistas a un parque lleno de niños que jugaban. En medio, había un lago de agua clara maravilloso, con patos y cisnes. Los enamorados se hacían carantoñas mientras paseaban cogidos de la mano y se regalaban flores de mil colores. Los árboles eran gigantes y hacían sombra a la gente mayor que se sentaba en los bancos. El horizonte dibujaba una línea azul de un cielo sereno salpicado con un arcoíris y un par de nubes delgadas parecían ralentizar la brisa. Cuando el hombre cuya cama estaba junto a la ventana

---

31. «Y me digo a mí mismo / qué mundo tan maravilloso.»

describía lo que veía, el otro cerraba los ojos e imaginaba la escena mientras dejaba resonar las palabras en su cabeza:

I see trees of green, red roses too,
I see them bloom for me and you.
I see skies of blue and clouds of white,
The bright blessed days, the dark sacred night.
The colors of the rainbow so pretty in the sky,
Are also on the faces of people going by.
I see friends shaking hands, saying «How do you do?»
They're really saying, «I love you».
I hear babies cry, I watch them grow,
They'll learn much more, than I'll never know.
And I think to my self
What a wonderful world.[32]

El otro hombre casi podía sentir cómo la brisa le acariciaba, casi veía pasar a la gente y a los niños. Casi podía sentir el aroma de las flores y ver los colores del arcoíris reflejados en las caras de los viandantes. Una maravilla.

Los días pasaron y, una mañana, cuando la enfermera fue a la habitación para hacer una visita rutinaria de comprobación, encontró sin vida al hombre que tenía la cama al lado de la ventana. Había muerto apaciblemente mientras dormía. Enseguida llegaron los servicios funerarios y se llevaron el cuerpo. El otro hombre, pese a la tristeza de haber perdido a su compañero, preguntó a la enfermera si podía cambiar de cama. Si podía acomodarse en la cama que es-

---

32. «Veo árboles verdes y rosas rojas, / las veo florecer para ti y para mí. / Veo cielos pintados de azul con nubes blancas, / la bendita claridad del día, la sagrada oscuridad de la noche. / Los colores del arcoíris, tan preciosos en el cielo, / también los veo en los rostros de la gente que pasa. / Veo amigos que se dan la mano y dicen, ¿cómo estás? / Parece que dijeran: "Te quiero". / Oigo a los niños llorar, veo cómo crecen, / aprenderán muchas más cosas de las que yo nunca sabré. / Y me digo a mí mismo / qué mundo tan maravilloso.»

taba al lado de la ventana. La enfermera accedió encantada y, con todo el cuidado que exigía su estado delicado, hizo el cambio. Tumbado en su nueva cama, el hombre logró, con mucho esfuerzo, incorporarse hasta llegar a la altura de la ventana. Al fin podría ver con sus propios ojos aquel mundo maravilloso, aquel parque que su compañero le había descrito tantas tardes. Miró por la ventana, pero solo vio una oscura pared de ladrillo. No había parque alguno, no había cielo, no había lago... Desde allí solo se veía una pared de ladrillos grises y sucios. Sorprendido, el hombre le preguntó a la enfermera cómo era posible que su compañero de habitación le hubiera explicado todas aquellas cosas maravillosas si lo único que se veía desde la ventana era una pared sucia y vieja. «Pero, ¿cómo es posible? —preguntó—. ¿Cómo ha podido engañarme durante todo este tiempo explicándome fantasías que no existen?» Se sintió decepcionado. Se sintió engañado. Le enfermera, colmada de paciencia, lo consoló y, con una sonrisa, le dijo que no se preocupara tanto, que tal vez la única intención de su compañero había sido hacerle pasar un buen rato, darle ánimos, ayudarlo o simplemente compartir un momento de alegría.

Dar, compartir. Estas son las palabras clave. Me encantan. Me encanta compartir. Incluso lo que no tengo. Sencillamente, me encanta. Todo parece mejor si se comparte. El dolor compartido es la mitad de la pena y la alegría compartida es el doble de júbilo. De hecho, como dijo el filósofo y músico Albert Schweitzer: «El júbilo es lo único que se duplica si lo compartimos con los demás.» No he encontrado mayor felicidad que hacer feliz a los demás. Y es que compartir siempre es la mejor opción. Me di cuenta cuando finalmente llegó la primavera y desperté de la hibernación. Me di cuenta cuando las casualidades de la vida me llevaron de nuevo, pero esta vez por otro camino, al mundo de la música.

Todo empezó con una reunión de amigos. Sin ninguna pretensión. Solo con la intención de vernos y de pasar un buen rato. Nos reuníamos en un restaurante que había debajo de mi casa y yo hablaba de mis cosas: la música y la ópera. Todo se fue embarullando y un día uno de los propietarios del restaurante Tramonti de Barcelona vino a escucharme y me propuso que fuera a impartir unas charlas operísticas a su restaurante. Acepté la invitación y en el Tramonti se empezó a crear una calidez maravillosa que fue creciendo y creciendo sin parar. Cada día iba más gente a escucharme y yo me lo pasaba fenomenal. Era genial. Era como una gran familia con la que tenía la oportunidad de compartir y contagiar la pasión y la alegría por la música. El largo invierno se había acabado y los árboles empezaron a florecer. Empecé a recibir propuestas para dar conferencias en lugares, en teoría, más *serios*. Prácticamente de repente y sin saber cómo, ya no ofrecía *charlas* entre amigos o entre amigos de amigos en un restaurante, sino que ahora daba *conferencias*. Nunca pretendí ser un conferenciante ni nada por el estilo, solo quería pasarlo bien y que los demás también lo pasaran bien. De hecho, la palabra *conferenciante* siempre me ha dado un poco de grima. Siempre me ha dado un poco de miedo. Prefiero pensar que soy una persona que intenta compartir con los demás la alegría que me produce la música. Nunca me ha resultado difícil hacerlo. Tengo unos aliados inmejorables: Beethoven, Verdi, Wagner, Mozart, Rossini, Gounod, Bizet, Puccini, Strauss, Chaikovski... Con todos estos compañeros de viaje, ¿quién no sería capaz de despertar el interés y dibujar una sonrisa en la cara de un auditorio?

El ejemplo de Giuseppe Verdi me ayudó a entender que no sirve de nada saber algo si no somos capaces de compartirlo con los demás. Su biografía está llena de momentos que hacen realidad ese famoso eslogan que reza «Compartida, la vida es más». Siempre que puedo y tengo la más pequeña oportunidad, aprovecho para explicar su iniciativa cuando Rossini murió en París el 13 de noviembre de 1868 a las once y cuarto de la noche. No solo se trataba de la muerte de un gran músico, sino, sobre todo, de la muerte de un amigo. Verdi lloró su pérdida y emprendió una iniciativa para que entre todos los compositores italianos crearan un réquiem en su memoria. Cuatro días después de la muerte de Rossini, escribió una carta pública a la *Gazzetta Musicale* de Milán que decía:

Para honrar la memoria de Rossini, me gustaría pedir a todos los distinguidos compositores italianos (especialmente a Saverio Mercadante, aunque solo aporte unos pocos compases) que escriban una misa de réquiem para ser interpretada en el aniversario de su muerte. Me gustaría extender mi petición no solo a los compositores, sino también a los intérpretes que pudieran ofrecer sus servicios gratuitamente y así contribuir a que el coste financiero sea mínimo.

La misa debería ser interpretada en la iglesia de San Petronio de la ciudad de Bolonia, donde se encontraba el verdadero hogar musical de Rossini. Esta misa no sería objeto ni de curiosidad ni de especulaciones. Después de su interpretación, permanecería sellada y guardada en el archivo de la academia musical de la ciudad, de donde nunca más saldrá. Quizá solo con la excepción de ser interpretada en futuros aniversarios de su muerte, si la posteridad desea celebrarlos.

Todo el mundo recibió la idea de Verdi favorablemente y para llevar la empresa a buen puerto se estableció un comité de tres miembros en Milán bajo la supervisión del editor Ricordi. El comité escogió a los compositores y asignó las partes a cada uno de ellos. Poco a poco, la obra fue tomando cuerpo hasta quedar totalmente completa el verano de 1869. La nómina de los compositores que la integraban: Antonio Buzzolla, Antonio Joseph Bazzini, Carlo Pedrotti, Antonio Cagnoni, Federico Ricci, Alessandro Nini, Raimondo Boucheron, Carlo Coccia, Gaetano Gaspari, Pietro Platania, Lauro Rossi, Teodulo Mabellini y, evidentemente, Giuseppe Verdi.

Luigi Scalaberni, empresario del Teatro Comunale de Bolonia, tenía que encargarse de organizar las representaciones, y Angelo Mariani, amigo personal de Verdi, de la dirección musical. Pero ni uno ni otro estuvieron a la altura de las circunstancias. Por un lado, algunas diferencias de criterio entre Mariani y Verdi obligaron al primero a dejar el proyecto. Por otro, Scalaberni se negó a representar el réquiem el día del aniversario de la muerte de Rossini por razones comerciales. Según él, el réquiem no podía representarse durante la temporada de ópera y sugirió posponer la celebración hasta diciembre, una vez que la temporada hubiera acabado. Eso era totalmente inadmisible, y el comité, intentando encontrar una solución, propuso interpretarlo en Milán. Pero Verdi no estuvo de acuerdo. Todo eso le decepcionó mucho y finalmente el proyecto fue desvaneciéndose hasta quedar en nada. Las diferentes partes del réquiem se devolvieron a sus correspondientes compositores y la partitura cayó en el olvido.

Pero la fuerza de Verdi y su espíritu para compartir acabaron triunfando. En 1970, el musicólogo estadounidense David Rosen recuperó la partitura olvidada que se encontraba en la editorial Ricordi de Milán y en 1988 se estrenó con el título *Messa per Rossini* en la ciudad de Stuttgart. Rossini, finalmente, tuvo su misa. Una misa hecha con la ilusión y con colaboración de un buen puñado de compositores italianos. Tal vez, desde un punto de vista musical, puede que alguien piense que no estamos frente a una obra extraordinaria, pero desde el punto de vista de la concepción, creo que se trata de una obra capital y muy avanzada a su tiempo. De hecho, cada vez que enciendo mi ordenador y consulto algo en la Wikipedia pienso en Verdi y en su iniciativa. Siempre he pensado que Jimmy Wales, el creador y fundador de la Wikipedia, es como Verdi. Su visión de construir una enciclopedia gratuita, libre, accesible a todos y que esté elaborada gracias a la colaboración de todos los usuarios, es la misma que tuvo Verdi en 1868 cuando pensó en el proyecto de la misa para Rossini.

El mundo más académico subestima Wikipedia. Yo, en cambio, la admiro. Está claro que no se trata del lugar más adecuado si queremos documentarnos para escribir nuestra tesis doctoral. Eso es evidente. Pero si lo que queremos es tener acceso a una primera información (más o menos completa) de manera rápida y gratuita, la Wikipedia es un recurso inmejorable. Lo que más ilusión me hace cuando consulto cualquier entrada es pensar que lo que estoy leyendo lo ha escrito algún usuario voluntario que ha tenido las ganas y el ímpetu de compartir su conocimiento en la Red para que el resto tengamos acceso a él.

Una vez oí decir al dalái lama: «Comparte tu conocimiento. Es una manera de lograr la inmortalidad.» El conocimiento es, como todos los recursos naturales, un recurso que no se extingue con el uso. Se reproduce ilimitadamente y refuerza tanto a quien lo da como a quien lo recibe. El escritor estadounidense Stephen Covey explica esta idea en su *best seller The Seven Habits of Highly Effective People* (*Los siete hábitos de la gente altamente efectiva*). Según Covey, hay tanto conocimiento que dar que aquellos que lo tienen no deben sentirse amenazados por el hecho de compartirlo. Al contrario, compartiendo lo que sabemos podemos crear un nuevo conocimiento o multiplicar el ya existente. El capital intelectual que tiene su origen en el intercambio con los otros es siempre mejor, ya que provoca sinergias que harán que este se multiplique indefinidamente hasta la inmortalidad.

Precisamente estas sinergias son las que llevaron a la formación de lo que se conoce como el Grupo de los Cinco. Un grupo de cinco compositores rusos autodidactas que gracias al intercambio de sus experiencias y conocimientos crearon una nueva manera de hacer música. Una música esencialmente rusa. El grupo estaba formado por cinco jóvenes que llegaron a la música de forma prácticamente accidental: Mili Balákirev, el fundador, era matemático; César Cui, era ingeniero militar; Alexandr Borodín, era catedrático de química; Modest Músorgski, el más talentoso del grupo, era cadete militar, y Nikolai Rimski-Korsakov, el más perseverante y trabajador, era oficial de la marina imperial rusa.

Todo comenzó cuando otro compositor ruso, Mijaíl Glinka, hizo un viaje por Europa por motivos de salud. Este viaje lo llevó hasta España, por donde viajó incansablemente entre 1845 y 1847, y más tarde entre 1852 y 1854. En España, vio que la música tradicional era utilizada por las clases sociales altas sin ningún tipo de rubor. Al descubrir esto, Glinka decidió que la música rusa no podía continuar imitando las músicas occidentales que se enseñaban en los conservatorios europeos, sino que era necesario hacer música autóctona, una música que reivindicara las raíces y el folclore propio del pueblo ruso. Esta idea de Glinka arraigó en las nuevas generaciones y cristalizó en el Grupo de los Cinco. Es fantástico pensar que el nacionalismo musical ruso se creó gracias al trabajo, la colaboración y la capacidad de compartir conocimientos de los cinco componentes del grupo. Todos escribían y discutían sus obras, sus ideas, e incluso algunos de ellos (Rimski-Korsakov y Músorgski) compartían apartamento. Tocaban por turnos el único piano que había en el piso. Por la mañana, el instrumento era para Músorgski y, por la tarde, para Rimski-Korsakov, el más constante, metódico y trabajador de todos los miembros del grupo. Un hombre que se dedicó a acabar o repasar algunas de las obras de sus colegas, especialmente las de su compañero Músorgski, un músico rebosante de talento pero con una fuerte adicción al alcohol y un equilibrio emocional muy débil que no le permitió acabar casi ninguna de sus óperas. Solo logró completar su gran obra maestra, el *Boris Godunov*, aunque lo hizo de una manera tan precaria que Rimski-Korsakov tuvo que reorquestarla y revisar dos veces, en 1896 y en 1908.

Para poder consultar la Wikipedia no hay suficiente con la visión y las ganas de compartir de Jimmy Wales. Hay que convertir esta visión en un proyecto real, y para hacerlo son necesarios unos medios técnicos específicos. En este caso, las páginas web tipo *wiki* desarrolladas por el programador informático estadounidense Howard Cunningham. Unas páginas especialmente diseñadas para ser editadas por múltiples voluntarios. Páginas que permiten a los usuarios crear y modificar el texto o el contenido que comparten. Pero ¿de dónde viene el nombre de *wiki*? ¿Qué significa? Según la definición que consta en la Wikipedia (dónde si no), *wiki* es una palabra hawaiana que significa *rápido*. Parece que cuando Cunningham empezó a desarrollar en 1994 el proyecto de nuevas páginas web pensó en el nombre de *wiki* (o *wiki wiki*) debido a una experiencia que había tenido tiempo atrás en el aeropuerto internacional de Honolulu. Cunningham tenía que coger un avión pero se encontraba en la terminal equivocada. Tenía que cambiar de terminal, pero no sabía cómo hacerlo. Entonces preguntó a un empleado:

«¿Cuál es la forma más rápida de llegar a la otra terminal del aeropuerto?» La respuesta del empleado fue: «Con el Wiki Wiki Shuttle»; es decir, con el autobús rápido-rápido.

La gran aportación de Nikolai Rimski-Korsakov al Grupo de los Cinco, no fueron solo sus obras, las discusiones sobre el tipo de música autóctona que se tenía que hacer o el hecho de compartir el talento con sus compañeros para acabar o revisar algunas de sus obras. No. Su aportación aún fue un paso más allá. Él se convirtió en el Howard Cunningham del grupo. Él se preocupó de poner al alcance de todos los medios técnicos para que la música rusa pudiera crecer en plenitud. En 1871 se convirtió en profesor de orquestación del conservatorio de San Petersburgo (que hoy lleva su nombre) y, más tarde, en 1905, escribió un tratado sobre el tema. Un libro llamado *Principios de orquestación*, que sienta las bases teóricas y técnicas, como las páginas *wiki* de Cunningham, para que todo aquel que tenga una visión, todo aquel que quiera compartir algo, todo aquel que quiera regalar algo a los demás pueda hacerlo de la manera más *wiki* y fácil posible. En la época del Grupo de los Cinco, el tratado de orquestación que se estudiaba en los conservatorios rusos era el del compositor francés Berlioz. Rimski-Korsakov le dio a su gente una guía para que las siguientes generaciones de compositores rusos pudieran seguir escribiendo música que reflejara la personalidad de un pueblo.

El secreto de una conferencia es el hecho de compartir. No se trata de enseñar, y menos aún de aleccionar. No. El secreto es compartir. Compartir y disfrutar haciéndolo, que no es poco. Porque, como decía Antonio Machado, «en cuestiones de cultura y saber, solo se pierde lo que se guarda; solo se gana lo que se da». Cierto. ¿De qué sirve saber algo si no puedes compartirlo o darlo a los demás? Si sabes algo y te lo quedas para ti, se pierde para siempre. Una pena. Hablar y compartir en público con la compañía de mi amigo el piano, me permitió volver a subir al tren de la música. Soy un hombre con suerte. Siempre lo he sido. La vida siempre me ha dado otra oportunidad. El tren de la música volvió a pasar por mi vida. Ya era la tercera vez. Me subí con toda la ilusión del mundo. Dicen que a la tercera va la vencida. Compartir el conocimiento de la música, si es que tengo alguno, me hace el hombre más feliz del mundo. Cuando lo hago, siempre se multiplica, nunca se divide, nunca se pierde. Compartir el conocimiento no cuesta esfuerzo, es gratuito y te hace sentir querido y reconocido. ¿Quién necesita más motivos?

«Yo soy fundamentalmente optimista. Quizá es por naturaleza o quizá es por educación, no sé decirlo. Para ser optimista hay que mantener la cabeza apuntando hacia el sol y mover los pies hacia adelante. Hubo muchos momentos oscuros en los que mi fe en la humanidad fue puesta a prueba, pero no podía permitirme librarme a la desesperación. Esto me hubiera conducido a la derrota y a la muerte.» Esto es lo que dice Nelson Mandela en su autobiografía *Long Walk to Freedom* (*El largo camino hacia la libertad*). Siguiendo el incomparable ejemplo de este hombre extraordinario, yo también soy fundamentalmente un optimista. Yo soy uno de aquellos que nunca ve el vaso medio lleno o medio vacío, sino que simplemente intenta llenarlo hasta arriba. Por eso, estar delante de un auditorio me proporcionó la posibilidad, más allá de compartir conocimiento, de explotar mi optimismo vital. ¿Por qué limitarme a compartir conocimiento pudiendo compartir también la ilusión, la pasión, la alegría de vivir...?

Después de un par de días, llegó un nuevo enfermo a la habitación y ocupó la cama que estaba lejos de la ventana. Su estado también era muy delicado y casi no podía moverse. Después de pasar la primera noche más mal que bien, la enfermera trajo el desayuno y, entonces, como quien no quiere la cosa, el hielo se rompió y el recién llegado empezó a entablar una conversación con el hombre que estaba al lado de la ventana. Después de las típicas preguntas de cortesía y de rigor, el hombre preguntó: «Y la ventana que tiene usted junto a la cama ¿tiene buenas vistas?». El hombre que ocupaba la cama al lado de ventana no supo qué responder. No supo qué decir. Sabía que los dos estaban muy enfermos y que deberían compartir esa habitación durante meses y meses. Solo una ventana, la misma que tuvo Nelson Mandela en esa celda de Robben Island en la que estuvo recluido dieciocho años, era lo único que tenían. ¿Qué decir? ¿Qué responder? ¿Decir la verdad y explicarle que lo único que se veía desde la ventana era una sucia pared de ladrillo o hacer lo mismo que había hecho su antiguo compañero? Hacía solo un par de días pensaba que su antiguo compañero le había estado engañando. Pero ahora ya no estaba tan seguro. Quería tomar la decisión correcta. No quería equivocarse. Abrió su mente y recordó el parque, el lago, los enamorados, los patos, los cisnes, los árboles, el cielo y todas las cosas hermosas que su amigo le había hecho imaginar y soñar. Igual que Victoria había hecho conmigo, su compañero de habitación le había mantenido con vida mostrándole un sueño, una ilusión. Pensar en su compañero y en sus historias hizo que se sintiera mejor. Hizo que se sintiera en paz. Interiormente le dio las gracias por todas esas tardes vividas. Aún absorto en sus pensamientos, volvió a oír la voz insistente del nuevo compañero de habitación. «Entonces, ¿qué se ve por la ventana?» En ese momento, seguro de lo que iba a hacer, carraspeó y le dijo:

> *I see trees of green, red roses too,*
> *I see them bloom for me and you.*
> *I see skies of blue and clouds of white,*
> *The bright blessed days, the dark sacred night.*
> *The colors of the rainbow so pretty in the sky,*
> *Are also on the faces of people going by.*
> *I see friends shaking hands, saying «How do you do?»*
> *They're really saying, «I love you».*
> *I hear babies cry, I watch them grow,*
> *They'll learn much more, than I'll never know.*
> *And I think to my self*
> *What a wonderful world.*[33]

33. Véase nota 31.

Mientras lo iba explicando, vio cómo el recién llegado cerraba los ojos, dibujaba una sonrisa y, con una gran paz interior, imaginaba aquel mundo maravilloso.

Hablar en público me abrió un mundo de posibilidades maravilloso. Un mundo para poder transmitir a los demás un sueño y una ilusión. El sueño y la ilusión de la música. Compartir el conocimiento es importante. Muy importante. Pero no es suficiente. Hay que compartir algo más. Tenemos que hacer como Nelson Mandela, como Giuseppe Verdi, como Jimmy Wales, como Nikolai Rimski-Korsakov o como Howard Cunningham. También tenemos que compartir la alegría, la pasión, la reconciliación y las ganas de vivir. Porque, como dijo Charles Chaplin: «Si miras al suelo, nunca podrás ver el arcoíris.»

GENTE

People,
People who need people
Are the luckiest people in the world.

People[34]
Bob Merrill, Jule Styne
Barbra Streisand

Ramon:

No tengo palabras para expresar cómo disfruto con *Òpera en texans*. El programa del 21 de marzo en la escuela Tres Pins me emocionó. [...] Te quiero, Ramon. Te lo digo yo, una viejecita de 76 años que espera emocionada tu media hora cada semana [...].

Recibí esta emotiva carta casi un par de años después de que alguien me dijera:

¡Tú tendrías que hacer un programa de televisión!

Fue al acabar una conferencia. Alguien se levantó entusiasmado y se me acercó para decirme que todo aquello que yo explicaba tendría que hacerlo en televisión. «Sería genial», dijo. Me sentí muy bien con el comentario, pero no le di más importancia. «Un comentario amable», pensé. Nada más. Pero aquel comentario se convirtió en realidad en cuatro días. Aquella persona se preocupó de presentarme a las personas adecuadas del mundo de la televisión y, en poco

---

34. «Personas, / las personas que necesitan personas / son las personas más felices del mundo», *Personas*.

tiempo, estaba trabajando en un medio totalmente nuevo para mí. Un medio fascinante. Un medio diferente, emocionante. Un medio adictivo. Un medio que tiene el poder de cambiar muchas cosas.

Cuando Steve Jobs tuvo la visión del primer iPod, no se paró a pensar en cómo lo haría. Solo sabía que quería hacerlo. Decidió lograrlo antes de saber cómo lograrlo. Soñó con idear un aparato que pudiera almacenar miles de canciones y que pudieran escucharse utilizando un solo dedo. Un objeto fácil de utilizar y llevar, que fuera cómodo, pequeño, atractivo, bonito, ligero... Sabía que si lograba hacer realidad su visión, la gente lo compraría. Solo faltaban nueve meses para la siguiente campaña de Navidad y, a pesar de que no sabía ni por dónde empezar, decidió intentarlo. Para lograrlo, tuvo que rodearse de las personas con el talento necesario. Las estimuló para alcanzar una meta que nadie había conseguido antes. Les contagió la emoción por el reto que tenían como equipo y los motivó para no desfallecer hasta que el iPod que había imaginado estuviera en sus manos.

Steve Jobs nunca habría logrado hacer realidad su visión si no se hubiera rodeado de personas con talento. Yo tampoco. Igual que Jobs, yo sabía (más o menos) lo que quería hacer en televisión. Tenía una ligera idea de cómo tenía que ser el programa, pero no tenía ni idea de cómo hacerlo. No tenía ni la más mínima idea. Necesitaba un empujón, una ayuda. Necesitaba un equipo que fuera capaz de traducir en lenguaje televisivo todas las cosas que yo tenía en la cabeza. Porque nadie puede desarrollar el talento sin la ayuda de los demás. La gente que nos rodea es la que nos alimenta y nos ayuda a crecer. El tiempo de los *genios* solitarios ha pasado. Pobre de aquel que piense que puede conquistar el mundo con su único esfuerzo. Error. Los mejores retos exigen cooperación. Exigen dejarse ayudar y aconsejar por los mejores talentos. Ha pasado a la historia el modelo del científico fáustico, solo en su laboratorio, mientras encuentra la solución que resuelva todos los males del mundo.

Como Steve Jobs, tuve la suerte de estar rodeado del mejor equipo imaginable. El talento de todo el equipo que me rodeaba hizo posible que yo brillara. El talento de todo el equipo que me rodeaba hizo posible que *Òpera en texans* fuera un programa diferente. Aunque, de hecho, cuando pienso en ello, me doy cuenta de que no inventamos nada. En todo caso, si algo hicimos, fue reinventar (palabra gurú) lo que ya estaba inventado. Queríamos sacar la ópera del teatro y llevarla a la calle. Queríamos explicar la ópera sin prejuicios. Queríamos jugar con la ópera. Queríamos tocarla, oírla, olerla, hacerla, deshacerla y volverla a hacer. Queríamos explicar que para disfrutar de la ópera solo es necesario poner un poco de ganas. Y, para hacerlo, seguimos el ejemplo de otros y nos inspiramos en lo que muchos años antes ya habían hecho otros.

Cuando Johann Sebastian Bach llegó a Leipzig en 1723, no estaba contento con su posición de *cantor* en la iglesia de Santo Tomás. Toda la vida había deseado escribir una ópera. Toda la vida había deseado liberarse de la disciplina de un lugar de trabajo en el que tenía que obedecer las órdenes de algún noble. Nunca lo logró del todo. Pero en la capital de Sajonia encontró, más o menos, un alivio a sus anhelos. En el centro de la ciudad, al lado de la plaza del mercado (Marktplatz) se encontraba la cafetería Zimmermann. Un establecimiento muy concurrido y conocido en la ciudad por ser el lugar donde se reunía y tocaba el Collegium Musicum, un grupo de músicos que había sido fundado unos años atrás (1701) gracias a la iniciativa del propietario del café, Gottfried Zimmermann, y del compositor alemán Georg Philipp Telemann. Un grupo de músicos que estaba constituido sobre todo por estudiantes universitarios. Los conciertos que ofrecían estos músicos eran muy espontáneos, sin un programa muy definido, y muchas veces tocaban a primera vista, sin haber ensayado. Aquellos conciertos eran más o menos lo que hoy llamaríamos una *jam session*. Bach se hizo con la dirección del grupo y empezó a ofrecer conciertos un par de veces por semana. Los clientes de la cafetería estaban encantados, claro. Podían disfrutar de un concierto del mismísimo Bach por el precio de una taza de café. Además, durante el verano, cuando el tiempo lo permitía, los conciertos se hacían en la terraza de la cafetería. Es decir, ¡en la calle!

Bach, ese compositor que todos tenemos clasificado como un hombre muy serio, pasó unos cuantos años de su vida compaginando las obligaciones musicales en la iglesia de Santo Tomás con las *jam sessions* que ofrecía para distraer a la clientela de un lugar, en apariencia, tan mundano como una cafetería. El músico de Turingia escribió muchas obras para ser interpretadas en la cafetería Zimmermann. Entre ellas, como no podía ser de otra forma, la famosísima *Cantata del Café*. Una sátira sobre el vicio de tomar café. Más adecuado, imposible.

Así pues, el gran Johann Sebastian Bach, posiblemente el músico más grande de la historia, ya tocaba en la calle a principios del siglo xviii para distraer a los clientes de una cafetería. Maravilloso. Simplemente maravilloso. Pensamos que si Bach lo había hecho...

Niccolò Paganini tocaba tan bien que la gente no se lo podía creer. Empezó a correr el rumor por Europa de que aquel hombre había hecho un pacto con el diablo. Como si se tratara de un Fausto: su alma a cambio de la técnica más alucinante. Algunos incluso creyeron ver al mismísimo diablo en la caja de resonancia de su violín. ¿Cómo, si no, podía tocar de esa manera tan impresionante? Paganini conocía las historias que se explicaban sobre él pero, en lugar de desmentirlas, se dedicaba a fomentarlas. Era muy astuto y sabía cómo explotar la publicidad morbosa que le rodeaba. Él fue quien dio sentido a la palabra *virtuoso*. Todos se quedaban subyugados ante el sonido que producía con el violín. Todos. A su primer concierto en París, asistieron, entre otros, Gioacchino Rossini, Gaetano Donizetti, Heinrich Heine, Fromental Halévy, George Sand y Eugène Delacroix. Ninguna voz discrepante se alzó. Todos quedaron cautivados por el magnetismo de Paganini. Incluso un diario escribió: «Satanás en el escenario. (...) Postrémonos ante a Satanás y adorémoslo.» Su carrera fue muy corta. Pero durante los pocos años que viajó por Europa logró reunir una fortuna inmensa. Berlioz, un hombre que no solía adular a nadie, dijo de él que era «un titán entre gigantes». Sus proezas técnicas eran impensables. Al parecer, nunca ensayaba. No lo necesitaba. Simplemente, abría el estuche del violín unos minutos antes del concierto y subía al escenario. Paganini fue un mago. Un revolucionario. Él fue el primero (repito, el primero) en añadir a sus cualidades musicales sobrenaturales dos características que, con el paso de los años, todos los músicos han acabado incorporando y que han llegado a ser casi tan importantes como la propia música: la espectacularidad y el atractivo sexual. Paganini fue el primero (una vez más, el primero) en empezar los conciertos con retraso. El público lo esperaba extasiado y entonces aparecía en el escenario con una pose entre mefistofélica y divina. Solía ofrecer un número musical que consistía en lo siguiente: aparecía con un violín que tenía tres cuerdas rotas. Entonces, con una mirada penetrante, interpretaba con una única cuerda (la de Sol) una pieza de una dificultad tan extrema que el público quedaba arrebatado. La vida de libertino que llevaba no le perjudicó. Al contrario. Tenía un aspecto muy atractivo de acuerdo con el canon romántico: alto, elegante, con clase, delgado, facciones muy marcadas y un bonito cabello negro rizado. Cuando tocaba, transportaba al auditorio directamente a otra dimensión. Tanto es así que Heinrich Heine escribió: «Parece la imagen de la mismísima divinidad tocando el violín. Parece como si la creación entera obedeciera sus notas. Es el hombre-planeta, alrededor del cual gira todo el Universo.»

Paganini fue como la luz de un meteorito. Cegadora pero fugaz. La sífilis le apartó demasiado pronto de los escenarios y en septiembre de 1834 puso fin a su carrera como concertista. Dos años antes, un joven Franz Liszt de solo doce años, viajó desde Viena a París, acompañado por su padre, para asistir a un concierto del violinista. El concierto resultó ser una experiencia casi mística para el joven húngaro. Aquel día le cambió la vida para siempre. El ejemplo de Paganini fue definitivo para Liszt. Igual que el italiano, Liszt utilizó su inconmensurable técnica al piano para inspirar en el auditorio la creencia de que era un superhombre con poderes para hacerlos vivir en una realidad paralela. Robert Schumann dijo al oírlo: «Jamás he conocido a un artista, excepto a Paganini, que tenga en un grado tan elevado como Liszt esa capacidad de subyugar, elevar y dominar al público. Su torrente de sonidos y sentimientos es abrumador.» Liszt llegó a alcanzar tal fama que en su pasaporte, concedido por las autoridades del Imperio austrohúngaro, constaba una anotación en la que se podía leer: «*Celebritate sua sat notus*» («Conocido de sobra por su fama»).

Liszt fue todo lo que había sido Paganini y aún más. Podía leer cualquier partitura a primera vista, memorizarla inmediatamente y no olvidarla nunca más. Podía reproducir en el teclado cualquier música, por complicada que fuera, después de escucharla una sola vez. Improvisaba de manera magistral y tenía *en dedos* toda la literatura pianística conocida. Era extremadamente sofisticado en su arte y en su inteligencia. Lector excepcional, frecuentaba el mundo literario de París y se relacionaba con Honoré de Balzac, Alexandre Dumas, Victor Hugo, George Sand y con el famoso crítico Charles Augustin Sainte-Beuve. El hecho de saberse el mejor pianista de la historia le otorgó una autoconfianza pletórica desprovista de arrogancia. A su lado, los demás pianistas (tal vez con la excepción de Chopin) quedaban anulados. Su gran sucesor, Anton Rubinstein, dijo: «Comparado con él, el resto somos unos niños.» En solo ocho años, Liszt dio más de mil conciertos por Europa. El público, y sobre todo las mujeres, se volvían literalmente locas a su paso. En 1963, el diario *The Times* utilizó la palabra *beatlemania* para describir el comportamiento del público femenino en un concierto de la legendaria banda de Liverpool. Parecía un buen neologismo por parte de *The Times*; el único problema era que casi cien años antes la palabra ya había sido inventada. El escritor Heinrich Heine fue el primero en utilizar *lisztomania* para describir el frenesí femenino que provocaba la figura de Liszt. Las mujeres lo perseguían por la calle, llevaban su imagen en camafeos y en broches. Se peleaban por conseguir un trozo de su ropa o alguna colilla tirada por su ídolo. Destrozaban partes del piano que había tocado para convertirlo en pequeñas piezas de bisutería. Gritaban entusiasmadas mientras tocaba. Se desmayaban, intentaban subir al escenario y le lanzaban flores. Liszt era dios. A pesar de ser unos intérpretes extraordinarios, ni Paganini ni

Liszt se limitaron a interpretar la música de otros como nadie lo había hecho antes. No. También compusieron sus propias obras. Algunas de las cuales tienen un gran valor musical. Pero tanto el uno como el otro, que sabían muy bien cómo atrapar y cautivar al público, empezaron a incorporan en sus recitales versiones de las óperas que triunfaban en aquellos momentos. Óperas que todo el mundo conocía y que Paganini y Liszt aprovechaban para versionar con el violín y el piano con el fin de ofrecer al público sus propias lecturas de aquellas óperas. Lecturas colmadas de virtuosismo con las que lograron sus mayores éxitos. Son legendarias las versiones que Paganini hizo de algunas de las óperas de moda de Rossini (*La Cenerentola*, *Tancredi* o *Mosè in Egitto*) o alguna de las piezas más emblemáticas de Mozart, como el dueto *La ci darem la mano* de *Don Giovanni* o el aria *Non più andrai* de *La bodas de Fígaro*. Liszt aún fue más allá. Su catálogo de óperas es inmenso. Versionó los temas más famosos de algunas de las óperas de Bellini, Donizetti, Gounod, Mozart, Meyerbeer, Rossini, Chaikovski, Verdi y Wagner.

Así pues, Niccolò Paganini y Franz Liszt, posiblemente dos de los intérpretes más grandes de la historia de la música, ya hacían versiones de las óperas más famosas y más de moda en pleno siglo XIX. Simplemente maravilloso. Pensamos que si Paganini y Liszt lo habían hecho...[35]

Leonard Bernstein no solo fue un gran director de orquesta y un gran compositor, también fue... o, mejor dicho, sobre todo fue un gran comunicador, divulgador y educador. Fue el primero en explicar música por televisión de manera totalmente nueva. Fue el primero en explicar música sin complejos. Sin prejuicios. Sus apariciones en *prime time* en la CBS le permitieron entrar en los hogares de millones de estadounidenses para explicar el porqué de la música clásica. La primera aparición de Bernstein en televisión fue el año

---

35. El programa *Òpera en texans* también incorporaba al final una versión actual hecha por algunos cantantes y grupos actuales de las arias más famosas de la historia de la ópera.

1954 en el programa *Omnibus*, que presentaba Alastair Cooke. Más tarde, en 1958, se empezaron a televisar los conciertos que la New York Philharmonic emitía para la gente joven. Estos conciertos ya eran una tradición en la orquesta. Una tradición que había empezado en los años veinte. Pero cuando Bernstein se hizo cargo de la orquesta, convirtió estos conciertos en algo especial. Los llevó a otro estadio, a otro nivel. Las familias estadounidenses se reunían frente al televisor para ver aquel programa en blanco y negro donde un hombre, lleno de pasión y sabiduría, hablaba de cosas como: ¿Qué significa la música? ¿Qué es la música clásica? ¿Qué es una melodía? ¿Qué es la orquestación? Sus explicaciones eran comprensibles para todo el mundo. La pasión con la que explicaba las cosas era contagiosa y, con la ayuda de la orquesta y del piano, constantemente alternaba su discurso con ejemplos. Era fascinante.

«La mejor manera de conocer algo es en el contexto de otra disciplina», dijo Bernstein. Un hombre que fue capaz de llegar a tanta gente porque conocía el valor de la transversalidad. El valor de ser interdisciplinario. Ya fuera en un lugar tan serio y prestigioso como la Universidad de Harvard, donde dio seis conferencias que también se televisaron, o en sus conciertos para gente joven, Bernstein nunca cambiaba su discurso. Era directo, claro, lleno de conocimiento, lleno de pasión, lleno de rigor y siempre ameno. Con una mirada limpia, era capaz de hablar de música y de tocar el piano mientras explicaba el porqué de todas las cosas. Sin rebajar nunca la exigencia del discurso, lograba llegar a todo el mundo.

Por lo tanto, el gran Leonard Bernstein, sin duda el divulgador musical más grande de la historia de la música, ya explicaba música con la ayuda de un piano y de manera transversal, sin complejos y sin prejuicios, a mediados del siglo xx. Maravilloso. Simplemente, maravilloso. Pensamos que si Bernstein lo había hecho...

Cuando los ingenieros acabaron el primer prototipo de iPod, se lo presentaron a Steve Jobs para que lo evaluara. Jobs cogió el aparato y empezó a jugar con él. Lo sopesó con las manos y al cabo de unos momentos dijo: «Es demasiado grande». Los ingenieros, que hacía muchas, muchas, muchas horas que trabajaban en el prototipo, replicaron que era imposible hacerlo más pequeño. Alegaron que aquel prototipo era un milagro de la tecnología. Entonces, Jobs, sin pensárselo dos veces, cogió el iPod y lo tiró dentro de la pecera que había en el despacho. Los ingenieros se quedaron patidifusos al ver su trabajo zozobrando en aquella pecera. Mientras el iPod se hundía, algunas burbujas de aire salían del aparato. «¿Habéis visto las burbujas? —dijo Jobs—. Estas burbujas significan que aún hay espacio dentro del iPod. Hacedlo más pequeño.»

El 23 de octubre de 2001, Steve Jobs presentó en sociedad la visión que había tenido unos meses atrás: el iPod. Orgulloso de su nuevo juguete, describió sus cualidades: era pequeño, muy pequeño y, por lo tanto, *ultraportable*, como él mismo decía; era muy fácil de usar; podía almacenar hasta mil canciones; tenía una batería de diez horas de autonomía; se cargaba en poco más de una hora... Todo en conjunto un progreso tecnológico importante. Pero la presentación empezó con la explicación de todos los medios digitales que había hasta ese momento para escuchar música de manera autónoma: CD portátil, *flash* portátil, CD-MP3 portátil y disco duro portátil. Es decir, ya había gente que había inventado aparatos para escuchar música digitalmente mientras caminamos por la calle o estamos realizando cualquier otra actividad. Lo único que realmente hizo Jobs, que no es poco, fue *re-inventar*, *re-pensar*, *re-evolucionar* lo que los otros habían hecho antes. Jobs logró hacerlo todo más fácil, más accesible, más directo.

Nosotros intentamos hacer lo mismo. No inventamos nada. Todo lo que queríamos hacer ya lo habían hecho antes Bach en el siglo XVIII, Paganini y Liszt en el siglo XIX y Bernstein en el siglo XX. Pero nuestro reto era intentar *re-inventar*, *re-pensar* y *re-evolucionar* lo que ellos habían hecho. ¿Cómo poner al día lo que cuatro monstruos de la historia de la música habían hecho de manera prácticamente inmejorable durante los siglos anteriores? Probamos muchas cosas. Lo intentamos muchas veces e incluso algunos de estos intentos acabaron en una pecera haciendo compañía al primer prototipo de iPod.

Después de un partido de fútbol, las portadas de los diarios son siempre para el jugador que marca goles. Marcar goles es importante, está claro, pero los partidos los ganan los equipos. No los jugadores. A mí me ha tocado ser el jugador que marca goles. Soy el jugador que sale en la pantalla y en los diarios, pero sin el equipo no lo hubiera podido hacer. Habría sido imposible. En *Òpera en texans* tuve el mejor equipo. Tuve el Dream Team. Un Dream Team que se regía por dos máximas: nunca des nada por bueno porque siempre puede mejorarse, y piensa siempre en la gente.

Millones de veces me han preguntado qué es lo mejor de salir en televisión. Supongo que hay mil y una respuestas tópicas a esta cuestión. Pero, para mí, la respuesta a esta pregunta siempre la he tenido clara. Lo mejor de salir por televisión es la gente. La gente que conocí y que formó parte de mi equipo. La gente que veía el programa desde su casa. La gente que se dirigía a mí para agradecerme el trabajo que hacía o explicarme cómo se emocionaba viendo el programa. La gente que, más que nunca, empezó a asistir a mis conferencias. La gente, el público. ¿De qué habría servido que yo supiera más o menos cosas sobre música, ópera o historia, si junto a mi equipo no hubiésemos descubierto cómo explicarlas por televisión? ¿De qué habría servido que nosotros hubiéramos logrado hacer realidad nuestra visión, si la gente, desde su casa, no nos hubiera visto? ¿De qué habría servido que yo diera conferencias si la gente no viniera a escucharme? No habría servido de nada.

La gente es la clave de todo. Si sabemos que Bach tocaba e improvisaba en la terraza del Café Zimmermann de Leipzig, es gracias a la gente. Si sabemos lo extraordinarios que llegaron a ser Paganini y Liszt, es gracias a la gente. Si sabemos que Bernstein ha sido el mejor profesor de música del mundo, es gracias a las millones de personas (*alumnos*) que le hacían más grande cada vez que encendían el televisor para verlo y escucharlo. Sin gente, sin público, ninguno de ellos habría existido. O, como mínimo, no habrían logrado ser inmortales. La gente es el testimonio que posibilita que todo trascienda. Solo la gente puede mantener a un artista en su memoria.

«Soy un servidor público», dijo Liszt. Yo también. Pero no solo del público. También lo soy de las personas. De todas las personas. Soy un entusiasta de las personas. De las que conozco y de las que aún no conozco. Las personas son lo mejor de la vida. Es paradójico que, aunque me paso la vida hablando, lo que más me guste sea escuchar. Escuchar a la gente. Escuchar sus historias, sus vivencias, sus experiencias, sus deseos, sus anhelos... *Òpera en texans* me brindó la posibilidad de tener más contacto que nunca con las personas. Y esto, sin duda, ha sido lo mejor de todo este viaje. Soy, como dice la canción de Barbra Streisand «*people who need people*» («gente que necesita gente»). No sé estar si no es rodeado de personas. Las personas me hacen feliz, porque no importa cuanta gente conozca o haya conocido, hay algo que no cambia nunca: no conozco absolutamente a nadie de quien no haya aprendido algo.

Durante todo este tiempo, muchas personas se han puesto en contacto conmigo. He recibido muchas comunicaciones mediante las redes sociales. Muchos mensajes en Twitter y en Facebook. Pero también muchas cartas. Cartas de las de antes. Cartas escritas con ordenador, con máquina de escribir o incluso manuscritas. Muchas personas que han querido expresarme sus sentimientos. Sin duda, todos estos mensajes, todas esas cartas, llenas de historias, de vivencias y de emociones de gente maravillosa, han sido lo mejor de esta aventura televisiva.

Ramon:

No tengo palabras para expresar cómo disfruto con *Òpera en texans*. El programa del 21 de marzo en la escuela Tres Pins me emocionó. [...] Nos has hecho entrar en la ópera. Nos has hecho oírla y disfrutarla. [...] Sigue luchando, sigue trabajando y sigue haciéndonos felices con tu trabajo. Te quiero, Ramon. Te lo digo yo, una viejecita de 76 años que espera emocionada tu media hora cada semana.

Adiós, amigo. ¡Hasta siempre!

GLÒRIA C. C.

PS: Mi hermana (aún más viejecita, 82 años), con la vista estropeada por la edad y con las manos deformadas por la artrosis, pero con un oído muy sano, que le permite seguir y disfrutar de todos tus programas, se une a mi felicitación.

Barcelona, 1 de abril de 2012

Gracias, Glòria. Tu carta, como la de tantas otras personas, vale toda una vida.

¿QUIÉN ERES?

Who am I?
I'm Jean Valjean
Who am I?
24.601

Les misérables (Acto I - escena IV)[36]
HERBERT KRETZMER
CLAUDE-MICHEL SCHÖNBERG

Jean Valjean, el protagonista de la novela *Les misérables* (*Los miserables*), de Victor Hugo, y también protagonista de uno de los musicales de mayor éxito y con más premios de la historia de Broadway, era un buen chico. Un niño afable con el carácter pensativo propio de las almas afectuosas. Huérfano desde muy joven, fue criado por su hermana mayor. Sin saber leer ni escribir se hizo cargo, con veinticinco años, de toda la familia. Trabajaba como podador de árboles o como ayudante en las granjas de ganado para intentar ganar un poco de dinero. Hacía todo lo que podía y trabajaba con ahínco. Todo el día. De sol a sol. La vida no le concedió el tiempo para enamorarse y el dinero no era suficiente para mantener a la familia. Especialmente, a los siete hijos de su hermana. El hambre y la miseria que pasaban los niños le empujaron a irrumpir en un horno para robar unas hogazas de pan. Un robo que le costó cinco años de prisión. Cinco años que, por culpa de cuatro intentos de fuga, se acabaron convirtiendo en diecinueve. Diecinueve larguísimos años en los cuales Jean Valjean no fue más que el preso número 24.601.

---

36. «¿Quién soy? / Soy Jean Valjean. / ¿Quién soy? / 24.601», *Los miserables*.

Lleno de rencor contra la sociedad por el castigo exagerado que había recibido, Jean Valjean es finalmente liberado a principios de octubre de 1815. Las autoridades le dan el pasaporte amarillo propio de los exconvictos y su paga por diecinueve años de trabajos forzosos en la prisión. Según sus cálculos, deberían corresponderle 171 francos pero, con excusas de mal pagador, solo le entregan 109 francos con 15 céntimos. Estafado. Este es el primer sentimiento que late en su corazón. Estafado. Ese buen chico de alma afectuosa se ha convertido, después de diecinueve años en prisión, en un hombre despreciable de cuarenta y seis años. Un hombre miserable con ganas de vengarse.

El pasaporte amarillo no le facilita nada las cosas. Se ha acabado el presidio, pero no la condena. Rechazado por todos, logra pocos trabajos, mal pagados, y nadie acepta alojarlo en un hostal. Es un apestado social. Después de cuatro días de vagar por los caminos y de dormir al raso llega a D... Allí, el obispo Myriel (llamado monseñor Bienvenu) le acoge caritativamente. Le ofrece una cena caliente y una cama limpia y cómoda. Durante la noche, mientras el obispo duerme, Valjean se levanta, roba los cubiertos de plata y huye con el botín amparado por la oscuridad de la noche. A la mañana siguiente, Valjean es detenido por la policía, que lo lleva ante el obispo. Pero Myriel, en lugar de acusarlo, pide a la policía que lo liberen y les dice que él mismo le ha dado los cubiertos para que los venda y consiga un poco de dinero. El obispo se apresura a añadir al *botín* de Valjean dos candelabros de plata, diciéndole que aproveche el dinero que obtenga para redimir su alma, liberarse del odio y convertirse en un hombre bueno.

Valjean se aleja de D... como asustado. Perseguido por su mala conciencia, yerra por caminos y senderos sin rumbo. Una multitud de sentimientos nuevos asaltan a su mente. Colérico, conmovido, humillado... Una mezcla de sensaciones que no le permiten pensar con claridad. Con el sol a punto de esconderse en el horizonte, aparece un niño por el camino. Canta y juega con unas monedas en la mano. Todo su capital. Entre las monedas, una de plata de dos francos se le cae al suelo. Jean Valjean pone el pie sobre la moneda y obliga al niño a marcharse. Mientras el niño huye lloriqueando, el sol se pone definitivamente. En la penumbra de la noche que se cierne sobre él, Jean Valjean retira su pie para recoger la moneda y, en aquel momento, las palabras del obispo resuenan en su cabeza. Siente vergüenza y arrepentimiento. Llora amargamente. Decide seguir el consejo del obispo y convertirse en un buen hombre. Para ello, ocultará su personalidad de expresidiario y adoptará una nueva. Se convertirá en el padre Madeleine.

Convertirse en otra persona parece un trabajo difícil. A primera vista, parece una tarea complicada. Pero solo lo parece. La verdad es que convertirse en otra persona cuesta poco. Puede suceder muy rápidamente y sin que uno se dé cuenta. Tan solo se precisa un momento, un segundo y, antes de darte cuenta has dejado de ser una persona para convertirte en un personaje estereotipado. Después de tener un par de programas en televisión y algunas entrevistas aquí y allí, la gente empieza a tener una idea de quién eres, o mejor dicho, de quién creen que eres, y todo puede complicarse.

Empezaron a ofrecerme trabajos golosos. Trabajos de aquellos a los que cuesta decir que no. De aquellos a los que cuesta mucho decir que no. Trabajos que reportan dinero y notoriedad. Dos cosas a las cuales, en principio, nadie le haría ascos. Lo hacían con la mejor intención del mundo, pero... eran trabajos que, casi siempre, se apartaban de lo que yo quería hacer o de aquello que me había llevado al lugar donde estaba. ¿Qué hacer? ¿Intentar complacer a todo el mundo, coger el dinero y decir que sí, aunque fueran trabajos que no me gustaran y que, según mi criterio, no eran para mí, o intentar seguir mi camino y decir que no, con el riesgo de ganar menos dinero y quedar mal con los que me estaban ofreciendo aquellas oportunidades? Difícil decisión. Para tratar de aligerar la dificultad de la empresa, estas cosas se consultan con la familia y los amigos, claro. Pero, al final es una decisión que debe tomar uno mismo. Una decisión individual. Me encontré como Gary Cooper en la película *High Moon*. Solo ante el peligro. Solo. En todo caso, si hay un interlocutor válido que pueda ayudar a tomar este tipo de decisiones, ese solo puede ser el espejo. Es el único que realmente puede contestar a la pregunta clave: ¿quién eres?

Un ejercicio de sinceridad que no siempre resulta fácil. En el primer acto de *Hamlet*, cuando Laertes vuelve a Francia, Shakespeare pone en boca de Polonio, su padre, estas palabras:

> *This above all: to thine own self be true*
> *And it must follow, as the night the day,*
> *Thou canst not then be false to any man.*[37]

Ser sincero con un mismo para poder serlo con los demás. Shakespeare, brillante como siempre, da en el clavo. ¿Quién eres? Esta es la cuestión. ¿Ser o no ser? Esta es la cuestión. Tal vez una de las personas que mejor respondió a estas preguntas fue Franz Schubert, el genial compositor vienés. El hombre que, a pesar de las contrariedades y los puntos poco claros de su biografía, nunca dejó de ser él mismo: un músico genial. Un músico que aunque solo vivió treinta y un años, tiene un catálogo de obras que llega hasta el número 998. Es decir, escribió casi mil obras musicales, entre óperas, sinfonías, canciones, misas, oratorios, música de cámara, piezas para piano... en un periodo de solo diecisiete años. Si hacemos una simple división (998 obras / 17 años = 58,7 obras por año) nos daremos cuenta de que ningún otro compositor de la historia logró hacer tanto en tan poco tiempo.

Schubert era un genio. Ahora todos lo sabemos. Ahora todos lo tenemos claro. Pero, mientras vivió, muy pocos lo supieron. Solo un puñado de amigos descubrió su genio en reuniones de salón en las que se tocaban sus maravillosas canciones y algunas de sus piezas para piano. Reuniones que se conocían con el nombre de *schubertíadas*. Pero este fue todo el reconocimiento a su trabajo que recibió en vida. Algunos amigos lucharon por él. Querían darlo a conocer, querían mostrarlo al mundo. Pero su existencia pasó como una exhalación y su arte fue invisible para el gran público. Los grandes teatros y las grandes

---

37. «Y, sobre todo, sé sincero contigo mismo / que a esto seguirá, como la noche al día, / que seas sincero con todos los demás.»

salas de conciertos nunca o casi nunca supieron de la existencia de Franz Schubert. Ninguna de sus óperas u obras orquestales fueron publicadas en vida del compositor. De las diecinueve óperas, o *Singspiele*, que escribió solo logró estrenar tres. Y las tres fueron un rotundo fracaso. No pudo estrenar ninguna sinfonía. Un desastre. Podía haberse dedicado a cualquier otra cosa. Era un hombre dotado. Su padre tenía una escuela en la que podía haber impartido lecciones de cualquier cosa, como de hecho hizo durante un tiempo, pero ese no era su camino. Al menos, no fue el camino que escogió. A pesar de las dificultades para lograr el lugar que su talento merecía, Franz Schubert nunca dejó de ser él mismo. Hizo de la música su carrera y su religión. Le costaba postrarse delante de posibles patrones, a pesar de que se esforzaba para autopromocionarse. Nunca renunció a ser aquello que era. No cambió de vida. No buscó una solución fácil. Siguió haciendo lo que quería hacer. Siguió siendo un músico. Como él mismo decía: «Compongo cada mañana y, cuando acabo una pieza, comienzo otra.» Componía, componía y componía sin parar. Era proclive tanto a la euforia como a la melancolía, pero se estabilizaba componiendo. Seguramente por eso musicó de manera magistral el poema *A la música* de su buen amigo Franz von Schober, dedicado a la música:

> Du holde Kunst, in wie viel grauen Stunden,
> Wo mich des Lebens wilder Kreis umstrickt,
> Hast du mein Herz zu warmer Lieb' entzünden,
> Hast mich in eine bessere Welt entrückt!
> Oft hat ein Seufzer, deiner Harf' entflossen,
> Ein süßer, heiliger Akkord von dir
> Den Himmel besserer Zeiten mir erschlossen,
> Du holde Kunst, ich danke dir dafür! [38]

---

38. «¡Tú, gentil arte, en cuantas horas grises, / cuando el círculo de la vida me atenazaba / has inflamado mi corazón con cálido amor, / me has conducido a un mundo mejor! / A menudo se ha escapado un suspiro de tu arpa, / un dulce y sagrado acorde tuyo / me ha abierto el cielo de tiempos mejores, / a ti gentil arte, te doy las gracias.»

Un poema que explica perfectamente la situación vital de Schubert. Un hombre que vive atenazado por unas penurias económicas que consigue esquivar gracias a la ayuda de sus amigos y que encuentra en la música la forma de realizarse como persona. Schubert, como si hubiera escuchado el consejo de Polonio a Laertes, siempre fue sincero consigo mismo. Nunca huyó de quien era. Su sinceridad y honestidad con su propia persona se desprende de la música que compuso. Una música que se acabó imponiendo precisamente por su sinceridad y honestidad. Schubert fue un músico genial que quería hacer música. Nunca engañó a nadie. Siempre siguió su camino. El camino que había escogido. Nunca dejó de ser Franz Schubert. Tan fácil y difícil como esto.

En la famosa entrevista que Oprah Winfrey le hizo en 2010 en el increíble hotel Balmoral de Edimburgo, J. K. Rowling insistía en que ella era una escritora. Insistía en que ella amaba escribir y que era lo único que sabía hacer. Escribió su primera novela *Harry Potter and the Philosopher's Stone* (*Harry Potter y la piedra filosofal*) en estado clínicamente depresivo. Su madre había muerto unos meses antes y su matrimonio se había roto. Con una hija pequeña y sobreviviendo con la ayuda social del Estado, intentaba escribir su primera novela. Con las dificultades propias de esta dificilísima situación logró acabar su trabajo. Mecanografió dos copias y fue volando a la biblioteca central de Edimburgo para busca un par de direcciones de agentes literarios que le ayudasen con la publicación de la novela. El segundo agente a quien escribió aceptó representarla para buscar una editorial que quisiera publicar el libro. Enviaron el libro a una primera editorial y recibieron una negativa como respuesta. Enviaron el libro a una segunda editorial y recibieron una negativa como respuesta. Enviaron el libro a una tercera editorial y recibieron una negativa como respuesta... ¡Hasta doce editoriales rechazaron la novela! Pero J. K. Rowling no se rindió. Ella era una escritora. Había invertido años en acabar la novela y ahora no tenía nada que perder. Su agente se habría rendido, pero ella no. Siguió insistiendo, no desfalleció. Obligó al agente a enviar una vez más el manuscrito. Era el decimotercer editor. Y, en ese caso, el trece se convirtió en el número de la buena suerte. La novela iba a publicarse. J. K. Rowling lo había conseguido. Ahora sí, ya era escritora. El libro se convirtió en el éxito que todos conocemos. La saga del niño aprendiz de brujo llegó a las siete entregas y a más de cuatrocientos millones de libros vendidos en todo el mundo en sesenta y nueve lenguas. Un éxito rotundo que fue acompañado de películas con recaudaciones millonarias e incluso un parque de atracciones temático.

Diez años publicando libros de Harry Potter. Diez años en los cuales J. K. Rowling pasó de la depresión y el anonimato a ser una celebridad conocida en todo el mundo. Y, después, ¿qué? ¿Cómo seguir escribiendo después del éxito conseguido? Esta era la cuestión que preocupaba a la escritora. ¿Cómo liberarse de un pasado tan exitoso? La solución que encontró fue disfrazarse con un pseudónimo. Publicó *The Cuckoo's calling* (*El canto del cuco*) bajo el nombre de Robert Galbraith. Una novela policiaca que vendió poco más de mil quinientos ejemplares, pero que recibió unas críticas fenomenales. «Es un gran talento», dijo la crítica pensando que se encontraban delante de un nuevo escritor. Delante de un autor novel. Pero el secreto no duró mucho. En poco tiempo, se descubrió que aquel autor novel llamado Robert Galbraith no era sino la misma J. K. Rowling, la famosísima creadora de Harry Potter, que afirmó: «Esperaba mantener el secreto un poquito más de tiempo, porque ser Robert Galbraith ha sido una experiencia liberadora».

Jean Valjean también se sintió liberado cuando se convirtió en el padre Madeleine. Un hombre que, igual que Robert Galbraith, era respetable y no tenía pasado. Pero, como ocurre siempre, cuando intentas ser quien no eres, llega el momento de la verdad. Llega el momento de mirarse en el espejo.

El padre Madeleine era un respetable empresario que llegó a convertirse en el querido alcalde de la población de M... en la orilla del M... Todo le iba bien. Muy bien. Había dejado la pesadilla de ser el expresidiario Jean Valjean atrás. Pero cuando todo parecía más seguro, un hombre llamado Champmathieu es detenido, acusado de ser Jean Valjean y de haber robado años atrás una moneda de plata de dos francos a un niño. En una atormentada noche de reflexión moral, Jean Valjean se pregunta quién es realmente. Se pregunta qué hacer en la nueva situación. ¿Seguir fingiendo que es el padre Madeleine y dejar que condenen al pobre Champmathieu o presentarse delante del tribunal y revelar su auténtica identidad? Un momento que Claude-Michel Schönberg y Herbert Kretzmer recogen en el primer acto de su magnífico musical en un monólogo (aria) de una fuerza extraordinaria:

> *Who am I?*
> *Can I condemn this man to slavery?*
> *Pretend I do not feel his agony?*
> *This innocent who bears my face*
> *Who goes to judgment in my place*
>
> *Who am I?*
> *Can I conceal myself for evermore?*
> *Pretend I'm not the man I was before?*
> *And must my name until I die*
> *Be no more than an alibi?*
>
> *Must I lie?*
> *How can I ever face my fellow men?*
> *How can I ever face myself again?*
> *My soul belongs to God, I know*
> *[...]*
> *Who am I? Who am I?*
> *I am Jean Valjean!*
> *[...]*
> *Who am I?*
> *24.601!* [39]

---

39. «¿Quién soy? / ¿Puedo condenar a este hombre a la esclavitud? / ¿Simular que no siento su angustia? / Este inocente que lleva la carga de mi personalidad / y a

Un debate interior frente a un espejo imaginario. Un soliloquio que acaba con un brillante agudo en el que Jean Valjean se desabrocha la camisa y en su pecho se puede leer el número de preso 24.601. El número que revela su auténtico yo.

Tanto Valjean como J. K. Rowling intentaron burlar el destino, y para ello adoptaron una nueva personalidad. Se convirtieron en otras personas. Lo hicieron con la mejor intención. En el caso de Valjean, para dejar atrás una vida miserable y desgraciada. En el caso de J. K. Rowling, para ocultar un éxito abrumador. Dos motivos muy diferentes, quizá incluso comprensibles, pero con una única conclusión posible. Los dos se equivocaron, porque somos lo que somos.

Estuve a punto, realmente a punto, de aceptar uno de aquellos trabajos que me ofrecían. Durante días reflexioné para saber qué tenía que hacer. Dudaba. Pero, entonces, cuando más indeciso estaba, me paré un momento delante del espejo. Me vi reflejado y pensé en Jean Valjean, en Franz Schubert y en J. K. Rowling. Pensé en lo que cada uno de ellos había hecho en la misma situación. Miré profundamente el espejo. Concentrado. Muy concentrado. Como si el resto del mundo no existiera. Por un momento, el espejo se convirtió en un espejo mágico. El espejo de Erised. El mismo espejo que Harry Potter encuentra en un aula escondida del cuarto piso del castillo-colegio Hogwarts. Un espejo magnífico, alto hasta el techo, con un arco dorado muy elaborado y apoyado sobre un soporte con forma de garras. En la parte superior se podía leer una inscripción que decía:

Erised stra ehru oyt ube cafru oyt on wohsi.

_____

quien juzgan en mi lugar. // ¿Quién soy? / ¿Puedo esconderme para siempre? / ¿Pretender que no soy el hombre que era antes? / ¿Esconder mi nombre hasta la muerte, ¿no será más que una coartada? // ¿Tengo que mentir? / ¿Cómo podré mirar a la gente? / ¿Cómo podré mirarme a mí mismo? / […] / / ¿Quién soy? ¿Quién soy? / ¡Soy Jean Valjean! / […] / ¿Quién soy? / ¡24.601!»

Una frase sin sentido aparente, pero que leída del revés cobraba sentido:

I show not your face but your heart's desire.[40]

Así pues, ese espejo no mostraba el reflejo normal de la persona que se miraba en él. No. Mostraba su deseo más profundo. Y, en aquel momento, mi deseo más profundo era saber qué hacer con todos aquellos trabajos. Cuando Harry Potter se mira en el espejo de Erised ve el reflejo de sus padres y de toda su familia. Se ve rodeado de los seres a los que más quiere. Este es su deseo más profundo. Pero, ¿y el mío? ¿Cuál era mi deseo más profundo? Miraba fijamente el espejo mientras intentaba encontrar la respuesta a mi dilema. Entonces, poco a poco, muy poco a poco, vi aparecer el reflejo de Franz Schubert a mi derecha. El espejo proyectaba perfectamente su imagen junto a la mía a pesar de que, a mi lado, no había nadie. Enseguida supe que se trataba de Schubert. Llevaba sus típicas gafas redondas y la ropa un poco descuidada. Me sorprendió, sin embargo, que casi no tuviera cabello. Era uno de los efectos de la sífilis que sufría. Su vida no había sido siempre muy ordenada en las cuestiones del amor. La bebida y las relaciones sexuales, probablemente tanto con hombres como con mujeres, hicieron estragos en su salud. Pero su lealtad a la música siempre había sido impecable. Aunque no podía hablar, era como si Schubert quisiera decirme algo. Era evidente que el espejo me lo estaba mostrando por alguna razón. Entonces, mientras el reflejo de Schubert ponía su mano izquierda sobre mi hombro sentí como si su voz me susurrara al oído. Muy flojo, me advirtió que, como ya había dicho Epicuro, la fama es contra natura e innecesaria y que, por lo tanto, no hacía falta esforzarse por conseguirla o mantenerla, ya que el placer que provoca acabará siendo siempre efímero y superfluo. Como si cada vez estuviera más cerca, su voz cambió de tono para decirme que, en cambio, el arte y

---

40. «No muestro tu rostro sino el deseo de tu corazón.»

la música eran placeres propios de la naturaleza del hombre. Placeres que nunca me abandonarían y que siempre me llenarían el corazón. Me lo estaba diciendo un hombre que había sufrido la desgracia de no haber sido reconocido casi por nadie, a pesar de ser uno de los músicos más grandes de la historia. Me lo estaba diciendo alguien que nunca se había traicionado a sí mismo. Me lo estaba diciendo alguien que, a pesar de las penurias que había padecido, nunca había traicionado a la música. Franz Schubert, enfermo, calvo, flaco, pero con una sonrisa en los labios, había venido para darme la respuesta a mi deseo más profundo.

Decidí rechazar, tan amablemente como pude, todos aquellos trabajos. Decidí no hacer como Jean Valjean o J. K. Rowling, y no convertirme en otra persona. Intenté seguir siendo yo mismo. Pensé que lo mejor era continuar dejando que la música y el arte fueran mis estrellas polares. Al día siguiente, cuando volví a pasar por delante del espejo, solo me vi a mí mismo. Schubert había desaparecido. Lo busqué un buen rato por todos los rincones del espejo. Inútil. No estaba. Lo eché de menos, pero entonces recordé las palabras que Albus Dumbledore, el director de la escuela Hogwarts de magia, le dice a Harry Potter cuando este le pregunta quién es la persona más feliz del mundo. «La persona más feliz del mundo —contesta— es la que se mira en el espejo y se ve reflejada exactamente como es.»

VALENTÍA

Well the night's busting open
These two lanes will take us anywhere
We got one last chance to make it real
To trade in these wings on some wheels.
Climb in back
Heavens waiting on down the tracks.

Thunder Road[41]
BRUCE SPRINGSTEEN

Orfeo, príncipe de la Tracia que baña el mar Egeo, era un poeta, un músico, un cantante. Era lo que hoy llamaríamos un cantautor. Seguramente, el mejor cantautor de todos los tiempos. El mejor que nunca haya existido. De hecho, estaba predestinado a serlo. No podía ser de otra manera, si tenemos en cuenta que era el hijo de Apolo, el dios de la música y de la poesía, y de Calíope, la musa del canto. Cuando Orfeo cantaba y hacía sonar su lira de nueve cuerdas, en honor a las nueve musas griegas, ocurrían las cosas más extraordinarias: los pájaros se paraban flotando en el aire sobre su cabeza, los peces sacaban la cabeza del agua para escucharlo mejor, los ríos se detenían, los árboles se conmovían y se le acercaban, las bestias salvajes amansaban sus instintos feroces, las piedras lloraban e incluso las montañas lo seguían. Paso a paso, las montañas seguían a Orfeo mientras caminaba, tocaba y cantaba por las planicies de Tracia. Una maravilla. Pero... ¿qué cantaba Orfeo? Canciones de amor, claro. Es-

---

41. «La noche se abre / y la carretera nos llevará a algún lugar. / Tenemos una última oportunidad para hacerlo posible / cambiando nuestras alas por ruedas. / Sube al coche. / El cielo nos está esperando en la carretera», *La carretera del trueno*.

taba locamente enamorado de una ninfa llamada Eurídice. Una mujer bellísima que correspondía a su amor, pero que también despertó la atención de otro hijo de Apolo: Aristeo, un hombre brutal y arisco. Un día que Eurídice se estaba bañando en un lago, Aristeo intentó violarla. La ninfa logró huir pero, al escapar, pisó sin querer una serpiente venenosa que le mordió el pie y le causó la muerte. Orfeo se quedó destrozado cuando se enteró de la muerte de su amada. No podía imaginar su vida sin Eurídice. El corazón le decía que tenía que recuperarla. Pero, ¿cómo? Para hacerlo tendría que descender al Hades, el infierno. Una idea terrorífica. Pero, a pesar del miedo que sentía con solo pensarlo, no dudó ni un momento. Orfeo se armó de valor y pensó que si su música siempre había sido capaz de seducir al mundo de la naturaleza viva, ahora también sería capaz de ayudarle y seducir al mundo de los muertos. Con una determinación total, buscó y rebuscó sin descanso el camino para descender al infierno. Buscó aquí, buscó allá, hasta que al final encontró una pequeñísima apertura en una montaña, se introdujo y emprendió el camino hacia el inframundo. Descendió y descendió y no se detuvo hasta encontrarse frente a la laguna Estigia. La laguna que separaba el mundo de los vivos del de los muertos y que estaba gobernada por Caronte, un ser vil y rudo que exigía un pago a todos los muertos para dejarlo subir a su barca, atravesar la laguna y llevarlo hasta las puertas del infierno. Por eso, los griegos enterraban a sus muertos con una moneda bajo la lengua. La moneda servía para pagar el peaje al barquero. Cuando Orfeo estuvo frente a Caronte, no tenía moneda alguna, pero tenía su lira de nueve cuerdas. Empezó a cantar, y el sonido de la lira y de su voz melodiosa ablandó el corazón de Caronte, que accedió a dejarlo subir gratis a la barca y trasladarlo hasta las puertas del infierno. Unas puertas custodiadas por Cerbero, un perro temible y feroz de tres cabezas que se aseguraba de que ningún muerto saliera del infierno y ningún vivo entrara en él. Pero también el indomable Cerbero cayó extasiado ante la voz y el canto de Orfeo quien, sin dejar nunca de hacer sonar la lira, se plantó delante de Hades y Perséfone, los dioses del inframundo.

Orfeo les pidió que le restituyeran a Eurídice. Pidió comprensión a los señores del infierno. «¿Os parece justo que haya muerto tan joven?», preguntó a los dioses. Rogaba a los señores del inframundo sin mirarlos a la cara. Y es que en el mundo de los muertos nadie puede mirarse a los ojos. Perséfone, profundamente conmovida por la valentía del amor sincero de Orfeo, se sumó a los ruegos del hijo de Apolo. El dios del inframundo accedió finalmente a dejar volver a Eurídice al mundo de los vivos, pero puso una condición: Eurídice caminaría detrás de Orfeo hasta el mundo de los vivos, pero Orfeo no podría mirar atrás. Tendría que confiar en la palabra de Hades. Solo podría volverse para ver a Eurídice cuando llegasen al mundo de los vivos, cuando el sol inundara totalmente el cuerpo de Eurídice. Cuando los dos hubieran abandonado totalmente el reino de los muertos.

Como no podía ser de otro modo, un mito tan musical como el de Orfeo se ha convertido en uno de los relatos más versionados y adaptados de la historia de la ópera. He llegado a contabilizar casi setenta óperas sobre esta historia. Óperas de todas las épocas, de todos los estilos y en todos los idiomas. Muchas de estas óperas están totalmente olvidadas y no tienen un gran valor artístico, pero otras, en cambio, son óperas clave y vitales en la historia del drama musical.

Ya los miembros de la Camerata Fiorentina, aquel grupo de humanistas, músicos y poetas liderados por el conde Giovanni Bardi, que se reunían en Florencia al final del Renacimiento para discutir las tendencias de la música y el drama, adaptaron el mito de Orfeo en dos ocasiones. Aquellos primeros ilustrados creían que la música se había corrompido durante la Edad Media con la polifonía que convertía el texto en una amalgama incomprensible. Como buenos hombres del Renacimiento que eran, se propusieron volver a las formas musicales de la tragedia de la Grecia antigua que, según ellos, había sido siempre cantada y no hablada. Así desarrollaron e *inventaron* un nuevo espectáculo escenificado de melodía cantada y acompañada que llamaron *opera in musica* sobre nuestro Orfeo y su

Eurídice. La primera, la ópera más antigua de la historia que se conserva, se estrenó en 1600; y, la segunda, en 1602. Las dos se estrenaron en Florencia, y significaron los primeros pasos de un arte que había acabado de nacer.

Pocos años después, en 1607, Claudio Monteverdi, un monstruo musical y verdadero padre de la ópera tal y como la entendemos hoy en día, estrenó en la corte lombarda de Mantua su ópera *L'Orfeo, favola in musica*. Obra que se considera la primera ópera, en el sentido moderno de la palabra, de la historia.

Unos ciento cincuenta años más tarde, después de que los excesos del Barroco y de los castratos hicieran estragos en la concepción del espectáculo operístico, el compositor alemán Christoph Willibalb Gluck estrenó en Viena la ópera *Orfeo ed Euridice*. Una ópera que propugnó un cambio radical respecto a las óperas que se estaban haciendo hasta aquel momento y que estableció las bases para volver al equilibrio del movimiento neoclásico.

Tres momentos clave de la historia de la ópera en los que Orfeo está presente. ¿Por qué? ¿Por qué el mito de Orfeo ha sido tan importante durante más de cuatrocientos años de historia de la ópera? Pasé mucho tiempo buscando la respuesta a esta pregunta. No acabé de verlo claro hasta que el 16 de octubre de 2002 fui al Palau Sant Jordi de Barcelona para escuchar a Bruce Springsteen. Fue un concierto increíble. Fue inolvidable. Springsteen es un artista total. El ambiente era inmejorable y la música del Boss sonó, como siempre, llena de contenido y emociones. Cuando el concierto ya parecía haberse acabado, todavía tocó una canción. Una canción emblemática, escrita en la tonalidad de los valientes, Fa Mayor. La conocía muy bien. La había escuchado millones de veces pero, aquel día, mientras sonaba, todo cobró un nuevo sentido para mí. *Thunder Road* (*La carretera del trueno*) es una canción sobre la valentía. Una canción imprescindible, de aquellas que quedarán para siempre. Para siempre jamás. Una canción que sobrepasa al mismo autor y que, aquel día, como si la escuchara por primera vez, entendí que explicaba de manera perfecta lo que un día dijo Vincent van Gogh:

«¿Qué sería de la vida si no tuviéramos el coraje para intentar cosas nuevas?»

Mary, la protagonista de la canción, espera al hombre de su vida. Paralizada por el miedo, espera y escucha en la radio *Only the lonely*, la famosa canción de Roy Orbison. Espera y espera... mientras los días pasan, la juventud queda atrás y la vida se le escapa entre los dedos. Ha rechazado a todos los pretendientes que ha tenido y ahora se ha quedado sola. Completamente sola. Pero, cuando más desesperada está, cuando menos esperanzas tiene, llega él. El hombre que siempre la ha querido pero que nunca se ha atrevido a decírselo. El hombre que finalmente ha escuchado su corazón y, en un acto de valentía, va a buscarla. El hombre que finalmente es capaz de decirle que la ama, de decirle que él es la opción del amor, del coraje y del futuro. La opción de una nueva vida juntos en otra ciudad, en otro mundo.

Aquel día, mientras escuchaba *Thunder road* rodeado de miles de personas en el Palau Sant Jordi, entendí por qué el mito de Orfeo es tan importante. La fuerza del amor es siempre más grande que el miedo. El miedo al fracaso nos paraliza y no nos deja actuar. Lo que nos dicta el corazón, en cambio, nos convierte en valientes y decididos. Orfeo podía haber pasado el resto de su vida lamentando la pérdida de Eurídice, pero fue valiente y decidió ir a buscarla. El protagonista de *Thunder road* podía haber seguido pasando por delante de casa de Mary cada día sin decirle nada, pero al final fue valiente y decidió ir a buscarla. Los dos actuaron con coraje. Los dos comprendieron que la única manera de cambiar las cosas y conseguir lo que querían era siendo valientes. Los dos confiaron en sus posibilidades y supieron escuchar el dictado de sus corazones.

«De lo único que debemos tener miedo es del miedo mismo, sin nombre, sin razón, un terror injustificado que paraliza los esfuerzos necesarios para convertir la retirada en avance.» Estas fueron las palabras que Franklin D. Roosevelt dirigió al pueblo estadounidense el sábado 4 de marzo de 1933, en su primer discurso como trigésimo segundo presidente de Estados Unidos de América. Después del crac del 29, el país estaba en estado de choque. Nada se movía. La economía capitalista había sufrido una sacudida de dimensiones colosales. La población estaba asustada. El miedo lo había paralizado todo y a todo el mundo. Lo que pocos estadounidenses sabían era que el mismo presidente había experimentado personalmente horas oscuras en las que el miedo le había paralizado. En 1921, cuando tenía treinta y nueve años, sufrió un caso grave de poliomielitis que le dejó considerablemente discapacitado. Asustado por su futuro, desarrolló un temor extremo al fuego. La idea de quedarse atrapado en caso de incendio por culpa de su discapacidad, le aterraba. Pero Roosevelt tenía un gran corazón lleno de valentía. Con tiempo y esfuerzo superó su miedo al fuego y logró aprender a caminar de nuevo con la ayuda de aparatos ortopédicos.

Con su gran espíritu, Roosevelt logró cambiar su propio destino y el de su país. Ganó cuatro veces consecutivas las elecciones a la presidencia y se convirtió en el presidente más longevo que jamás haya tenido Estados Unidos de América. Desde 1933 hasta que murió, en 1945. Solo un hombre tan valiente y que amaba tanto su país podía lograr cambiar tanto las cosas. Tal vez también por eso hombres como los de la Camerata Fiorentina, como Monteverdi o como Gluck, se inspiraron en la valentía de Orfeo para componer óperas que cambiarían el curso de la historia de la música. Hombres valientes que se inspiraron en el coraje de un mito. Porque no se puede escribir la historia con miedo. Porque solo los valientes, los que no temen el fracaso, están llamados a avanzar y cambiar las cosas.

Cuando llega el momento de salir del inframundo, Orfeo se pone el primero de la fila; detrás de él, a un par de metros, le sigue Eurídice, y en tercer lugar, el dios Hermes, cuya tarea era la de controlar que, tal y como había ordenado Hades, Orfeo no se volviese para mirar a Eurídice. Los tres se ponen en marcha y empiezan el viaje hacia el mundo de los vivos por un túnel angosto, oscuro y silencioso. Mientras caminan, Orfeo hace sonar la lira, pero no está seguro de que Eurídice le siga, querría darse la vuelta para comprobarlo, pero recuerda la condición de Hades. Después se detiene un momento para escuchar los pasos de su amada, pero no oye nada. Claro, piensa, los muertos no hacen ruido cuando caminan. Reemprende la marcha. A veces, deja de tocar la lira con la esperanza de escuchar una respiración, un suspiro o cualquier indicio que le indique que su amada lo sigue. Pero no oye nada. De repente, improvisadamente oye una voz. Es ella. Es Eurídice que le está hablando. Pero Orfeo no se vuelve. Se mantiene firme. Ha comprendido que aquella no puede ser la voz de la ninfa. No. Esas voces por fuerza deben ser las voces del infierno que intentan tentarlo. Pero esa voz insiste: «¿Por qué no me miras? ¿Acaso ya no me quieres?» Orfeo llora. Querría darse la vuelta, pero sabe que si lo hace la perderá para siempre. No se detiene. Pero la voz vuelve a insistir: «Tesoro mío, tengo tantas ganas de besarte pero tú no me miras. ¿Por qué no me miras?» Las lágrimas no dejan de caer por el rostro de Orfeo. Camina y camina y camina cada vez más rápido hasta que llega al final del túnel y siente la luz del sol caer sobre su rostro. Entiende que finalmente ha llegado al mundo de los vivos. Aún con los ojos colmados de lágrimas se vuelve, pero Eurídice aún no ha salido totalmente del túnel. Se ha retrasado. Le hacía daño un pie. Aquel en el que le había mordido la serpiente. Aquel desgraciado pie que aún no había salido totalmente del túnel y que se encontraba en la penumbra. Entonces, entre el llanto desesperado de Orfeo, Eurídice muere por segunda vez.

La vida me ha llevado muy lejos y me ha tratado bien. No puedo quejarme en absoluto. Sigo montado en el tercer tren de la música y, si no me echan, no pienso apearme nunca. Nunca más. La música es la mejor compañera de viaje que hubiera podido soñar. Una compañera que nunca ha dejado de enseñarme algo nuevo cada día. He llegado hasta aquí gracias a ella y siguiendo siempre el dictado del corazón. Muchas veces me he equivocado. Muchas. Muchas veces no he logrado seguir adelante. Pero no importa cuántas veces me haya equivocado, nunca me he arrepentido de intentarlo. Siempre he vuelto a hacerlo, porque sé que si sigo el dictado del corazón y la música, todo, absolutamente todo, será posible.

Los protagonistas de *Thunder road* huyen juntos mientras la canción nos regala una magnífica coda musical en la que el saxo, tocado por *Big Man* Clarence Clemons, simboliza un futuro lleno de esperanza. Finalmente huyen de la ciudad de perdedores en la que estaban atrapados. La noche se abre frente a ellos y la carretera los lleva muy lejos. Convierten el coraje en las ruedas de un viejo Chevrolet y con las ventanas bajadas sienten el viento en la cara mientras sueñan empezar una vida juntos en algún lugar mejor. Un lugar donde los valientes puedan vivir. Ellos lo consiguen. Roosevelt, también. Ellos pudieron hacer realidad sus sueños. Pero el pobre Orfeo, no. A pesar de su coraje no pudo recuperar a su amada Eurídice.

Siempre que explico la historia del mito de Orfeo me encuentro con alguien que me dice que el pobre cantautor fracasó. ¡No!, me apresuro a responder. Como dice la letra de *Thunder road*, ¿qué otra cosa podía hacer? Orfeo hizo lo que tenía que hacer. Lo intentó. Fue valiente y escuchó a su corazón. Y esto ya es un éxito. El fracaso hubiera sido no intentarlo, olvidarlo. Porque, como reza el dicho: si no lo intentas nunca sabrás si puedes conseguirlo. Por eso, finalmente, el gran dios Apolo, orgulloso de su hijo, premió su coraje. Cogió su lira y la subió al firmamento. Allí la convirtió en una maravillosa constelación. La constelación de la lira. La constelación que cada noche podemos identificar fácilmente en el cielo por el brillo de su estrella más emblemática: la lejana estrella Vega. La constelación que tozudamente luce cada noche para volver a explicarnos el mito de Orfeo y para recordarnos que, en la vida, la mejor opción siempre es escuchar los deseos de nuestro corazón con valentía.

FINALE

Freude, schöner Götterfunken,
Tochter aus Elysium,
Wir betreten feuertrunken,
Himmlische, dein Heiligtum.
Deine Zauber binden wieder,
Was die Mode streng geteilt;
Alle Menschen werden Brüder,
Wo dein sanfter Flügel weilt.

Novena sinfonía – Ode an die Freude[42]
FRIEDRICH SCHILLER
LUDWIG VAN BEETHOVEN

Al final, llegó la novena sinfonía.

Fue el viernes 7 de mayo de 1824 en el teatro de la corte imperial de Viena. La orquesta casi no había podido practicar. Solo un par de ensayos más o menos rápidos. El teatro no estaba muy lleno. Algunos palcos estaban vacíos y no asistió ningún miembro de la corte. Beethoven estaba sentado en el escenario y, antes de la ejecución de cada movimiento, daba el *tempo*. Delante de él tenía un atril con la partitura y, mientras sonaba la orquesta, pasaba las páginas y movía las manos con furia. A veces, se ponía en pie como si quisiera tocar todos los instrumentos él mismo y, después, como si estuviera totalmente agotado, se dejaba caer en la silla. Pero ninguno de los músicos de la

---

42. «¡Alegría! Bella chispa divina, / hija del Eliseo, / entremos, ebrios de fuego / celestial, en tu santuario. / Tus encantos vuelven a reunir / lo que la moda ha dividido severamente: / todos los hombres se convierten en hermanos / allí donde tu suave ala se posa», *Oda a la alegría*.

orquesta lo miraba. Todos sabían que estaba totalmente sordo y que no podía oír la música. Seguir sus indicaciones hubiera sido desastroso. Así que todos los músicos de la orquesta miraban y seguían los brazos de Michael Umlauf, el maestro de la capilla del teatro que, detrás de Beethoven, era quien realmente dirigía la orquesta.

El éxito fue total. Una nueva sinfonía había nacido. El público irrumpió en una ovación estrepitosa. Pero, ¡maldición! El hombre al que iban dirigidos todos aquellos aplausos entusiasmados no podía escucharlos. Cuando acabó la sinfonía, Beethoven permaneció sentado en la silla de espaldas al público, ajeno a todo el jaleo que había en la sala. Entonces, la mezzosoprano solista, Caroline Unger, se acercó al compositor y, tomándolo delicadamente por la espalda, le ayudó a ponerse en pie y le hizo mirar hacia el proscenio para mostrarle el éxito que había obtenido. Él agradeció los aplausos con una pequeña inclinación. El público respondió al saludo de Beethoven con una ovación sin precedentes que no se acababa nunca, nunca, nunca. La gente lanzaba sombreros al aire y un mar de manos agitaba una miríada de pañuelos. Aplaudían y gritaban, aplaudían y gritaban, aplaudían y gritaban sin parar.

Beethoven, el hombre que fue catalogado de misántropo, el hombre que tuvo que apartarse del mundo por culpa de su sordera, dedicó su última sinfonía a mostrarnos la universalidad de la igualdad, la hermandad, la alegría, la libertad, la fraternidad y el amor. Una música que, casi doscientos años después sigue siendo tan potente, obsesiva, maravillosa y brillante como aquel primer día. Una música que habla a todo tipo de gente: jóvenes y viejos, ilustrados e ignorantes, aficionados y profesionales, sofisticados y naífs. Gente de todas las nacionalidades, condiciones y razas. Una música que va más allá de cualquier creencia religiosa y que resulta accesible para todos sin ser banal ni ordinaria. Una música que traspasa el poema de Schiller y que, en un mundo que parece desesperado y sin futuro es más necesaria que nunca. Y es que resulta imposible no amar la novena sinfonía. Una música que, cada vez que la escuchamos, nos cambia, nos enriquece y nos anima.

A finales de 1826, Beethoven era un hombre acabado. Su salud se había deteriorado mucho. Antes de irse, sin embargo, aún regaló al mundo un último tesoro: sus cinco cuartetos de cuerda. Una música en busca de la espiritualidad superior. Postrado en la cama, los hechos se sucedieron rápidamente. Le operaron para extraerle gran cantidad de líquido que se le había acumulado en el abdomen. La operación drenó el líquido, pero no impidió que siguiera supurando. Decidieron dejarle la herida abierta... pero poco después se infectó. Sufría miserablemente, pero en su delicadísimo estado no se aconsejaba otra operación. Moría. Según la creencia popular, sus últimas palabras fueron: «*Plaudite, amici, comedia finita est*» («Aplaudid, amigos, la comedia se ha acabado»), la típica frase con la que acababan todas las representaciones de la *Commedia dell'arte*. Otras fuentes aseguran que lo último que dijo fue: «En el cielo oiré.»

El lunes 26 de marzo de 1827, en medio de los truenos de una tempestad, parece que aún tuvo fuerzas para levantar con rabia el puño desafiante hacia el cielo. Solo fueron unos segundos. Tal vez solo un par. Entonces, después de aquel último esfuerzo y exhausto por toda una vida de sufrimiento, el brazo le cayó sobre el pecho y murió.

Ningún otro compositor ha tenido tanta influencia como él en la historia de la música. El inmenso desarrollo de la música durante el siglo XIX no hubiera sido posible sin él. Simplemente, no hubiera sido posible. Él culminó el periodo del clasicismo y abrió un nuevo camino. Él se puso en el centro de su música. Él se convirtió en el héroe de su propia creación. Él se convirtió en mi héroe. Él abrió un camino imprescindible y esencial no solo para los músicos, sino para todos. Después de Beethoven ya no hay excusa: todos estamos destinados a escoger nuestro propio camino.

Solo unas horas después de morir se creó una mitología monumental en torno a su persona. El día del funeral, más de veinte mil personas salieron a las calles de Viena para despedirse de aquel hombre que, a partir de entonces y para siempre, formaría parte de sus vidas. Entre los portadores del féretro y las antorchas fúnebres había algunos músicos destacados como Carl Czerny o Franz Schubert. Ojalá yo hubiera podido cargar el féretro o alguna de las antorchas. Ojalá hubiera podido ser una de aquellas veinte mil personas. Ojalá hubiera podido decirle que era mi héroe. Ojalá hubiera podido decirle que siempre que hablo de música, lo hago pensando en él. Porque sé, como él también sabía, que ahora desde el cielo, desde la eternidad, desde el más allá, me puede escuchar.

AGRADECIMIENTOS

Gracias a Izaskun Arretxe por creer.

Gracias a Xavier Morral por mostrarme el camino y el título.

Gracias a Raimon Masllorens por darme el Espacio para trabajar.

Gracias a Quim Monzó por regalarme su tiempo y sus conocimientos.

Gracias infinitas a Corinna Thabe, esposa y amante, por su su enorme paciencia y su sabiduría. Gracias por quedarse conmigo cuando me rodeaba la oscuridad. Ella es mi La bemol Mayor. Ella es mi Grial.

REFERENCIAS Y FUENTES BIBLIOGRÁFICAS

Alier, Roger, *Sotto voce: una historia insólita de la ópera: curiosidades y anécdotas del mundo de la ópera y sus protagonistas.* Ediciones Robinbook, 2003 [página 106].

Baudelaire, Charles, *Pequeños poemas en prosa.* Editorial Bosch, col. Icaria Literaria, Barcelona, 1987 [trad. cast. de A. Verjat Massmann, página 141].

Burrowes, J. F., *The Piano-forte Primer: Containing Either for Private Tuition Or Teaching in Classes.* J. McGowan, 1840 [página 67].

Cortázar, Julio, «Instrucciones para llorar». *Historias de cronopios y de famas.* Ediciones Minotauro, Buenos Aires, 1962 [página 164].

Gaarder, Jostein, *El mundo de Sofía.* Siruela, Madrid, 1994[trad. cast. de Kirsti Baggethun y Asunción Lorenzo].

Mozart, W. A., Nachbaur, Fred [transcripción], *Duett für zwei Violinen – Der Spiegel* [Partitura], 2000 [página 13].

Horacio; *Odas. Canto Secular. Epodos,* Gredos, Madrid, 2007 [trad. cast. José Luis Moralejo, página 271].

Rückert, Friedrich, Leistner, Ludwig, *Friedrich Rückerts Werke in sechs Bänden.* J. G. Cotta, Stuttgart, 1895. Bd. 1 [página 160].